Bryn Mawr Latin Commentaries

Cicero
De Natura Deorum I

Richard McKirahan

The Bryn Mawr Latin Commentaries are supportted by a
generous grant from the Division of Education Programs of
the National Endowment for the Humanities.

Manufactured in the United States of America
ISBN 0-929524-89-6
Printed and distributed by

Bryn Mawr Commentaries
Thomas Library
Bryn Mawr College
Bryn Mawr, PA 19010

for Eleni

INTRODUCTION

The *De Natura Deorum* belongs to the series of philosophical works which Cicero composed during the period 45-44 B.C., when he withdrew from politics in the belief that he could make a more valuable and enduring contribution to Rome by putting Greek philosophy into Latin, and in the process forging a Latin philosophical vocabulary and making the language for the first time an effective means for conveying abstract ideas, than by playing the politician at a time when Julius Caesar had usurped all effective political power. Cicero's ambition was in effect to compose a critical philosophical encyclopedia, including major treatises covering topics in epistemology and method (*Academica*), ethics (*Tusculan Disputations, De Finibus, De Officiis*), theology (*De Natura Deorum, De Divinatione, De Fato*), as well as shorter works on particular issues (*De Senectute, De Amicitia*). These works complement his earlier writings on political philosophy (*De Re Publica, De Legibus*) and rhetoric (notably *De Oratore*). His aim was to make available to his fellow Romans the leading ideas of the Greek philosophical tradition. For Cicero this meant above all the philosophy of the Hellenistic period, which consisted mainly of the rival Stoic and Epicurean systems, the sceptical method of the New Academy (which traced its origins back to Socrates and Plato), and to a lesser extent the philosophy of the Peripatos or Lyceum (founded by Aristotle). All but the last of these philosophies play leading roles in *De Natura Deorum*.

For the Stoics and Epicureans philosophy was divided into three major fields: logic, physics, and ethics. Of these, ethics was the most important, the other two being considered subordinate to the overall end of philosophy, which was to determine the best life for a person to live. Perhaps strangely to our ears, theology was placed under the heading of physics, its chief questions being whether the gods exist, what sort of existence they have, what role they play in the world, and subsequently, what their relations are to humans, how we are to deal with them, and what effects their existence has on the way we should live our lives. Theology had implications for ethics, but they were the consequences, not the starting points of the philosophical investigation of the gods.

In the three books of *De Natura Deorum*, Cicero treats Epicurean and Stoic theology systematically and critically. The work takes the form of a conversation in which Cicero plays only a minor role. The three chief characters represent the leading philosophical sects: Velleius the Epicurean, Balbus the Stoic, and Cotta the Academic. In keeping with the philosophy of the New Academy (which Cicero claims as his own) which held that certainty on philosophical matters is impossible, and that convincing arguments can be found in favor of, and convincing objections can be found against, either side of an issue, Cotta's role is to criticize the views put forward by Velleius and Balbus. The work naturally falls into four parts: Velleius' exposition of Epicurean theology (together with Epicurean objections to rival views on the subject), Cotta's refutation of Velleius, Balbus'.exposition of Stoic theology, and Cotta's reply to Balbus. The first two of these parts, along with an introduction to the subject and to the work itself, constitute book I, while each of the last two parts occupies an entire book. At the very end of the work, Cicero, who promised to maintain an open mind on the subject, surprises us by siding not with his fellow Academic, but with Balbus -- perhaps to demonstrate how undogmatic adherents of the principles of the New Academy could be.

Book I is organized as follows:

Chapters 1-17: Introduction

    1-5: The importance and difficulty of the subject, and the variety of opinions that have been held on it.

  6-12: The importance of philosophy to Cicero, his reasons for composing philosophical works, and his defense of Academic philosophy.

13-17: The setting of the discussion, the speakers, and Cicero's role.

Chapters 18-56: Velleius' speech

18-43: Criticism of rival views on the nature of the gods.

43-56: Exposition of Epicurean theology.

Chapters 57-124: Cotta's criticism of Epicurean theology

SELECT BIBLIOGRAPHY

Bailey, C., *The Greek Atomists and Epicurus*. Oxford, 1928.

Long, A. A., *Hellenistic Philosophy*. London, 1974.

------- and Sedley, D. N., *The Hellenistic Philosophers*, 2 vols. Cambridge (U.K.), 1987.

Mayor, J. B., *Ciceronis De Natura Deorum*, 3 vols. Cambridge (U.K.), 1880-1885.

Pease, A. S., *M. Tulli Ciceronis De Natura Deorum*, 2 vols. Cambridge (Mass.), 1955.

Rawson, E., *Cicero: A Portrait*, rev. ed. Ithaca (N.Y.), 1983.

-------. *Intellectual Life in the Late Roman Republic*. Baltimore, 1985.

The text printed in this volume is based on the editions of A. S. Pease (listed above) and Ax (Leipzig, 1933).

ABBREVIATIONS

G.   B. L. Gildersleeve and G. Lodge, *Gildersleeve's Latin Grammar*, 3rd ed. Boston, 1894.

P.   A. S. Pease's edition of *De Natura Deorum* (listed above).

Cicero, *De Natura Deorum* I

1 Cum multae res in philosophia nequaquam satis adhuc exploratae sint, tum perdifficilis, Brute, quod tu minime ignoras, et perobscura quaestio est de natura deorum, quae et ad cognitionem animi pulcherrima est et ad moderandam religionem necessaria. De qua tam variae sunt doctissimorum hominum tamque discrepantes sententiae, magno argumento esse debeat principium philosophiae esse <in>scientiam, prudenterque Academicos a rebus incertis adsensionem cohibuisse. Quid est enim temeritate turpius aut quid tam temerarium tamque indignum sapientis gravitate atque constantia quam aut falsum sentire aut quod non satis explorate perceptum sit et cognitum sine ulla dubitatione defendere? **2** Velut in hac quaestione plerique, quod maxime veri simile est et quo omnes duce natura venimus, deos esse dixerunt, dubitare se Protagoras, nullos esse omnino Diagoras Melius et Theodorus Cyrenaicus putaverunt. Qui vero deos esse dixerunt tanta sunt in varietate et dissensione ut eorum molestum sit enumerare sententias. Nam et de figuris deorum et de locis atque sedibus et de actione vitae multa dicuntur, deque his summa philosophorum dissensione certatur; quod vero maxime rem causamque continet, utrum nihil agant nihil moliantur omni curatione et administratione rerum vacent, an contra ab iis et a principio omnia facta et constituta sint et ad infinitum tempus regantur atque moveantur, in primis magna dissensio est, eaque nisi diiudicatur in summo errore necesse est homines atque in maximarum rerum ignoratione versari. **3** Sunt enim philosophi et fuerunt qui omnino nullam habere censerent rerum humanarum procurationem deos. Quorum si vera sententia est, quae potest esse pietas quae sanctitas quae religio? Haec enim omnia pure atque caste tribuenda deorum numini ita sunt, si animadvertuntur ab iis et si est aliquid a deis inmortalibus hominum generi tributum; sin autem dei neque possunt nos iuvare nec volunt nec omnino curant nec quid agamus animadvertunt nec est quod ab iis ad hominum vitam permanare possit, quid est quod ullos deis inmortalibus cultus honores preces adhibeamus? In specie autem fictae simulationis sicut reliquae virtutes item pietas inesse non potest; cum qua simul sanctitatem et religionem tolli necesse est, quibus sublatis perturbatio vitae sequitur et magna confusio. **4** Atque haut scio an pietate adversus deos sublata fides etiam et societas generis humani et una excellentissuma virtus iustitia tollatur. Sunt autem alii philosophi, et hi quidem magni atque nobiles, qui deorum mente atque ratione omnem mundum administrari et regi censeant, neque vero id solum, sed etiam ab isdem hominum vitae consuli et provideri; nam et fruges et reliqua quae terra pariat et tempestates ac temporum varietates caelique mutationes, quibus omnia quae terra gignat maturata pubescant, a dis inmortalibus tribui generi humano putant, multaque quae dicentur in his libris colligunt, quae talia sunt ut ea ipsa dei inmortales ad usum hominum fabricati paene videantur. Contra quos Carneades ita multa disseruit, ut excitaret homines non socordes ad veri investigandi cupiditatem. **5** Res enim nulla est de qua tantopere non solum indocti sed etiam docti dissentiant; quorum opiniones cum tam variae sint tamque inter se dissidentes, alterum fieri profecto potest ut earum nulla, alterum certe non potest ut plus una vera sit.

Qua quidem in causa et benivolos obiurgatores placare et invidos vituperatores confutare possumus, ut alteros reprehendisse paeniteat, alteri

didicisse se gaudeant; nam qui admonent amice docendi sunt, qui inimice
insectantur repellendi. **6** Multum autem fluxisse video de libris nostris,
quos compluris brevi tempore edidimus, variumque sermonem partim
admirantium unde hoc philosophandi nobis subito studium extitisset,
5 partim quid quaque de re certi haberemus scire cupientium; multis etiam
sensi mirabile videri eam nobis potissimum probatam esse philosophiam,
quae lucem eriperet et quasi noctem quandam rebus offunderet, desertaeque
disciplinae et iam pridem relictae patrocinium necopinatum a nobis esse
susceptum. Nos autem nec subito coepimus philosophari nec mediocrem a
10 primo tempore aetatis in eo studio operam curamque consumpsimus, et
cum minime videbamur tum maxime philosophabamur; quod et orationes
declarant refertae philosophorum sententiis et doctissimorum hominum
familaritates, quibus semper domus nostra floruit, et principes illi,
Diodotus, Philo, Antiochus, Posidonius, a quibus instituti sumus. **7** Et
15 si omnia philosophiae praecepta referuntur ad vitam, arbitramur nos et
publicis et privatis in rebus ea praestitisse quae ratio et doctrina
praescripserit. Sin autem quis requirit quae causa nos inpulerit ut haec tam
sero litteris mandaremus, nihil est quod expedire tam facile possimus.
Nam cum otio langueremus et is esset rei publicae status ut eam unius
20 consilio atque cura gubernari necesse esset, primum ipsius rei publicae
causa philosophiam nostris hominibus explicandam putavi, magni
existimans interesse ad decus et ad laudem civitatis res tam gravis tamque
praeclaras Latinis etiam litteris contineri. **8** Eoque me minus instituti mei
paenitet, quod facile sentio quam multorum non modo discendi sed etiam
25 scribendi studia commoverim. Complures enim Graecis institutionibus
eruditi ea quae didicerant cum civibus suis communicare non poterant, quod
illa quae a Graecis accepissent Latine dici posse diffiderent; quo in genere
tantum profecisse videmur, ut a Graecis ne verborum quidem copia
vinceremur. **9** Hortata etiam est ut me ad haec conferrem animi aegritudo
30 fortunae magna et gravi commota iniuria; cuius si maiorem aliquam
levationem reperiri potuissem, non ad hanc potissimum confugissem. Ea
vero ipsa nulla ratione melius frui potui quam si me non modo ad legendos
libros sed etiam ad totam philosophiam pertractandam dedissem. Omnes
autem eius partes atque omnia membra tum facillume noscuntur, cum totae
35 quaestiones scribendo explicantur; est enim admirabilis quaedam
continuatio seriesque rerum, ut alia ex alia nexa et omnes inter se aptae
conligataeque videantur. **10** Qui autem requirunt quid quaque de re ipsi
sentiamus, curiosius id faciunt quam necesse est; non enim tam auctoritatis
in disputando quam rationis momenta quaerenda sunt. Quin etiam obest
40 plerumque iis qui discere volunt auctoritas eorum qui se docere profitentur;
desinunt enim suum iudicium adhibere, id habent ratum quod ab eo quem
probant iudicatum vident. Nec vero probare soleo id quod de Pythagoreis
accepimus, quos ferunt, si quid adfirmarent in disputando, cum ex iis
quaereretur quare ita esset, respondere solitos 'Ipse dixit'; ipse autem erat
45 Pythagoras: tantum opinio praeiudicata poterat, ut etiam sine ratione
valeret auctoritas. **11** Qui autem admirantur nos hanc potissimum
disciplinam secutos, his quattuor Academicis libris satis responsum
videtur. Nec vero desertarum relictarumque rerum patrocinium suscepimus;
non enim hominum interitu sententiae quoque occidunt, sed lucem auctoris

fortasse desiderant. Ut haec in philosophia ratio contra omnia disserendi nullamque rem aperte iudicandi profecta a Socrate, repetita ab Arcesila, confirmata a Carneade, usque ad nostram viguit aetatem; quam nunc prope modum orbam esse in ipsa Graecia intellego. Quod non Academiae vitio sed tarditate hominum arbitror contigisse. Nam si singulas disciplinas 5 percipere magnum est, quanto maius omnis; quod facere iis necesse est quibus propositum est veri reperiendi causa et contra omnes philosophos et pro omnibus dicere. **12** Cuius rei tantae tamque difficilis facultatem consecutum esse me non profiteor, secutum esse prae me fero. Nec tamen fieri potest ut qui hac ratione philosophentur hi nihil habeant quod 10 sequantur. Dictum est omnino de hac re alio loco diligentius, sed quia nimis indociles quidam tardique sunt, admonendi videntur saepius. Non enim sumus ii quibus nihil verum esse videatur, sed ii qui omnibus veris falsa quaedam adiuncta esse dicamus tanta similitudine ut in iis nulla insit certa iudicandi et adsentiendi nota. Ex quo exsistit et illud, multa esse 15 probabilia, quae, quamquam non perciperentur, tamen, quia visum quendam haberent insignem et inlustrem, his sapientis vita regeretur.

    13 Sed iam, ut omni me invidia liberem, ponam in medio sententias philosophorum de natura deorum. Quo quidem loco convocandi omnes videntur, qui quae sit earum vera iudicent; tum demum mihi procax 20 Academia videbitur, si aut consenserint omnes aut erit inventus aliquis qui quid verum sit invenerit. Itaque mihi libet exclamare ut in Synephebis:

       'pro deum, popularium omnium, <omnium> adulescentium
         clamo, postulo, obsecro, oro, ploro atque inploro fidem'
non levissuma de re, ut queritur ille in civitate fieri facinora capitalia: 25
       'ab amico amante argentum accipere meretrix non vult,'
14 sed ut adsint, cognoscant, animadvertant, quid de religione, pietate, sanctitate, caerimoniis, fide, iure iurando, quid de templis, delubris, sacrificiisque sollemnibus, quid de ipsis auspiciis, quibus nos praesumus, existimandum sit (haec enim omnia ad hanc de dis inmortalibus 30 quaestionem referenda sunt). Profecto eos ipsos, qui se aliquid certi habere arbitrantur, addubitare coget doctissimorum hominum de maxuma re tanta dissensio.

    15 Quod cum saepe alias tum maxime animadverti cum apud C. Cottam familiarem meum accurate sane et diligenter de dis inmortalibus 35 disputatum est. Nam cum feriis Latinis ad eum ipsius rogatu arcessituque venissem, offendi eum sedentem in exedra et cum C. Velleio senatore disputantem, ad quem tum Epicurei primas ex nostris hominibus deferebant. Aderat etiam Q. Lucilius Balbus, qui tantos progressus habebat in Stoicis, ut cum excellentibus in eo genere Graecis compararetur. 40

    Tum ut me Cotta vidit, 'Peroportune' inquit 'venis; oritur enim mihi magna de re altercatio cum Velleio, cui pro tuo studio non est alienum te interesse.'

    16 'Atqui mihi quoque videor' inquam 'venisse, ut dicis, oportune. Tres enim trium disciplinarum principes convenistis. M. enim Piso si 45 adesset, nullius philosophiae, earum quidem quae in honore sunt, vacaret locus.'

    Tum Cotta 'Si' inquit 'liber Antiochi nostri, qui ab eo nuper ad hunc Balbum missus est, vera loquitur, nihil est quod Pisonem familiarem tuum

desideres; Antiocho enim Stoici cum Peripateticis re concinere videntur
verbis discrepare; quo de libro, Balbe, velim scire quid sentias.'

   'Egone' inquit ille, 'miror Antiochum hominem in primis acutum non
vidisse interesse plurimum inter Stoicos, qui honesta a commodis non
5 nomine sed genere toto diiungerent, et Peripateticos, qui honesta
commiscerent cum commodis, ut ea inter se magnitudine et quasi gradibus
non genere differrent. Haec enim est non verborum parva sed rerum
permagna dissensio. **17** Verum hoc alias; nunc quod coepimus, si videtur.'

   'Mihi vero,' inquit Cotta, 'videtur. Sed ut hic qui intervenit,' me
10 intuens, 'ne ignoret quae res agatur, de natura agebamus deorum, quae cum
mihi videretur perobscura, ut semper videri solet, Epicuri ex Velleio
sciscitabar sententiam. Quam ob rem,' inquit, 'Vellei, nisi molestum est,
repete quae coeperas.'

   'Repetam vero, quamquam non mihi sed tibi hic venit adiutor; ambo
15 enim,' inquit adridens, 'ab eodem Philone nihil scire didicistis.'

   Tum ego: 'Quid didicerimus Cotta viderit, tu autem nolo existimes
me adiutorem huic venisse sed auditorem, et quidem aequum, libero
iudicio, nulla eius modi adstrictum necessitate, ut mihi velim nolim sit
certa quaedam tuenda sententia.'

20   **18** Tum Velleius, fidenter sane, ut solent isti, nihil tam verens quam
ne dubitare aliqua de re videretur, tamquam modo ex deorum concilio et ex
Epicuri intermundiis descendisset, 'Audite,' inquit, 'non futtilis
commenticiasque sententias, non opificem aedificatoremque mundi,
Platonis de Timaeo deum, nec anum fatidicam, Stoicorum Pronoeam,
25 quam Latine licet Providentiam dicere, neque vero mundum ipsum animo
et sensibus praeditum, rutundum, ardentem, volubilem deum, portenta et
miracula non disserentium philosophorum sed somniantium. **19** Quibus
enim oculis animi intueri potuit vester Plato fabricam illam tanti operis,
qua construi a deo atque aedificari mundum facit? Quae molitio, quae
30 ferramenta, qui vectes, quae machinae, qui ministri tanti muneris fuerunt?
Quem ad modum autem oboedire et parere voluntati architecti aer, ignis,
aqua, terra potuerunt? Unde vero ortae illae quinque formae, ex quibus
reliqua formantur, apte cadentes ad animum afficiendum pariendosque
sensus? Longum est ad omnia, quae talia sunt ut optata magis quam
35 inventa videantur; **20** sed illa palmaris, quod, qui non modo natum
mundum introduxerit sed etiam manu paene factum, is eum dixerit fore
sempiternum.   Hunc censes primis, ut dicitur, labris gustasse
physiologiam, id est naturae rationem, qui quicquam quod ortum sit putet
aeternum esse posse? Quae est enim coagmentatio non dissolubilis, aut
40 quid est cuius principium aliquod sit, nihil sit extremum? Pronoea vero si
vestra est, Lucili, eadem, requiro quae paulo ante, ministros, machinas,
omnem totius operis dissignationem atque apparatum; sin alia est, cur
mortalem fecerit mundum, non, quem ad modum Platonicus deus,
sempiternum. **21** Ab utroque autem sciscitor cur mundi aedificatores
45 repente exstiterint, innumerabilia saecla dormierint; non enim si mundus
nullus erat saecla non erant. (Saecla nunc dico non ea quae dierum
noctiumque numero annuis cursibus conficiuntur; nam fateor ea sine mundi
conversione effici non potuisse; sed fuit quaedam ab infinito tempore
aeternitas, quam nulla circumscriptio temporum metiebatur, spatio tamen

qualis ea fuerit intellegi potest, quod ne in cogitationem quidem cadit ut fuerit tempus aliquod nullum cum tempus esset.) **22** Isto igitur tam inmenso spatio quaero, Balbe, cur Pronoea vestra cessaverit. Laboremne fugiebat? At iste nec attingit deum nec erat ullus, cum omnes naturae numini divino, caelum, ignes, terrae, maria, parerent. Quid autem erat quod concupisceret deus mundum signis et luminibus tamquam aedilis ornare? Si ut deus ipse melius habitaret, antea videlicet tempore infinito in tenebris tamquam in gurgustio habitaverat. Post autem varietatene eum delectari putamus, qua caelum et terras exornatas videmus? Quae ista potest esse oblectatio deo? Quae si esset, non ea tam diu carere potuisset. **23** An haec, ut fere dicitis, hominum causa a deo constituta sunt? Sapientiumne? Propter paucos igitur tanta est rerum facta molitio. An stultorum? At primum causa non fuit cur de inprobis bene mereretur; deinde quid est adsecutus, cum omnes stulti sint sine dubio miserrimi, maxime quod stulti sunt (miserius enim stultitia quid possumus dicere?), deinde quod ita multa sunt incommoda in vita, ut ea sapientes commodorum conpensatione leniant, stulti nec vitare venientia possint nec ferre praesentia. Qui vero mundum ipsum animantem sapientemque esse dixerunt, nullo modo viderunt animi natura intellegentis in quam figuram cadere posset. De quo dicam equidem paulo post. **24** Nunc autem hactenus: admirabor eorum tarditatem qui animantem inmortalem et eundem beatum rutundum esse velint, quod ea forma neget ullam esse pulchriorem Plato. At mihi vel cylindri vel quadrati vel coni vel pyramidis videtur esse formosior. Quae vero vita tribuitur isti rutundo deo? Nempe ut ea celeritate contorqueatur cui par nulla ne cogitari quidem possit; in qua non video ubinam mens constans et vita beata possit insistere. Quodque in nostro corpore si minima ex parte significetur molestum sit, cur hoc idem non habeatur molestum in deo? Terra enim profecto, quoniam mundi pars est, pars est etiam dei; atqui terrae maxumas regiones inhabitabilis atque incultas videmus, quod pars earum adpulsu solis exarserit, pars obriguerit nive pruinaque longinquo solis abscessu; quae, si mundus est deus, quoniam mundi partes sunt, dei membra partim ardentia partim refrigerata ducenda sunt.

    25 Atque haec quidem vestra, Lucili; qualia vero

                               ***

est, ab ultimo repetam superiorum. Thales enim Milesius, qui primus de talibus rebus quaesivit, aquam dixit esse initium rerum, deum autem eam mentem quae ex aqua cuncta fingeret–si dei possunt esse sine sensu. Et mentem cur aquae adiunxit, si ipsa mens constare potest vacans corpore? Anaximandri autem opinio est nativos esse deos longis intervallis orientis occidentisque, eosque innumerabilis esse mundos. Sed nos deum nisi sempiternum intellegere qui possumus? **26** Post Anaximenes aera deum statuit, eumque gigni esseque inmensum et infinitum et semper in motu: quasi aut aer sine ulla forma deus esse possit, cum praesertim deum non modo aliqua sed pulcherrima specie deceat esse, aut non omne quod ortum sit mortalitas consequatur. Inde Anaxagoras, qui accepit ab Anaximene disciplinam, primus omnium rerum discriptionem et modum mentis infinitae vi ac ratione dissignari et confici voluit. In quo non vidit neque motum sensu iunctum et continentem infinito ullum esse posse, neque

sensum omnino quo non ipsa natura pulsa sentiret. Deinde si mentem istam quasi animal aliquod voluit esse, erit aliquid interius ex quo illud animal nominetur; quid autem interius mente? Cingatur igitur corpore externo; **27** quod quoniam non placet, aperta simplexque mens nulla re
5 adiuncta, quae sentire possit, fugere intellegentiae nostrae vim et notionem videtur. Crotoniates autem Alcmaeo, qui soli et lunae reliquisque sideribus animoque praeterea divinitatem dedit, non sensit sese mortalibus rebus inmortalitatem dare. Nam Pythagoras, qui censuit animum esse per naturam rerum omnem intentum et commeantem, ex quo nostri animi
10 carperentur, non vidit distractione humanorum animorum discerpi et lacerari deum, et cum miseri animi essent, quod plerisque contingeret, tum dei partem esse miseram, quod fieri non potest. **28** Cur autem quicquam ignoraret animus hominis, si esset deus? Quo modo porro deus iste, si nihil esset nisi animus, aut infixus aut infusus esset in mundo? Tum
15 Xenophanes, qui mente adiuncta omne praeterea, quod esset infinitum, deum voluit esse, de ipsa mente item reprehendetur ut ceteri, de infinitate autem vehementius, in qua nihil neque sentiens neque coniunctum potest esse. Nam Parmenides quidem commenticium quiddam: coronae similem efficit (στεφάνην appellat) continentem ardorum lucis orbem, qui cingit
20 caelum, quem appellat deum; in quo neque figuram divinam neque sensum quisquam suspicari potest. Multaque eiusdem monstra, quippe qui bellum qui discordiam qui cupiditatem ceteraque generis eiusdem ad deum revocet, quae vel morbo vel somno vel oblivione vel vetustate delentur; eademque de sideribus, quae reprehensa in alio iam in hoc omittantur. **29**
25 Empedocles autem multa alia peccans in deorum opinione turpissume labitur. Quattuor enim naturas, ex quibus omnia constare censet, divinas esse vult; quas et nasci et extingui perspicuum est et sensu omni carere. Nec vero Protagoras, qui sese negat omnino de deis habere quod liqueat, sint, non sint, qualesve sint, quicquam videtur de natura deorum suspicari.
30 Quid Democritus, qui tum imagines eorumque circumitus in deorum numero refert, tum illam naturam quae imagines fundat ac mittat, tum sententiam intellegentiamque nostram, nonne in maximo errore versatur? Cum idem omnino, quia nihil semper suo statu maneat, neget esse quicquam sempiternum, nonne deum omnino ita tollit ut nullam
35 opinionem eius reliquam faciat? Quid aer, quo Diogenes Apolloniates utitur deo? Quem sensum habere potest aut quam formam dei? **30** Iam de Platonis inconstantia longum est dicere, qui in Timaeo patrem huius mundi nominari neget posse, in Legum autem libris quid sit omnino deus anquiri oportere non censeat. Quod vero sine corpore ullo deum vult esse
40 (ut Graeci dicunt, ἀσώματον), id quale esse possit intellegi non potest: careat enim sensu necesse est, careat etiam prudentia, careat voluptate; quae omnia una cum deorum notione conprehendimus. Idem et in Timaeo dicit et in Legibus et mundum deum esse et caelum et astra et terram et animos et eos quos maiorum institutis accepimus. Quae et per se sunt falsa
45 perspicue et inter se vehementer repugnantia. **31** Atque etiam Xenophon paucioribus verbis eadem fere peccat; facit enim in his quae a Socrate dicta rettulit Socratem disputantem formam dei quaeri non oportere, eundemque et solem et animum deum dicere, et modo unum tum autem plures deos; quae sunt isdem in erratis fere quibus ea quae de Platone dicimus.

32 Atque etiam Antisthenes in eo libro qui Physicus inscribitur popularis deos multos, naturalem unum esse dicens tollit vim et naturam deorum. Nec multo secus Speusippus, Platonem avunculum subsequens et vim quandam dicens, qua omnia regantur, eamque animalem, evellere ex animis conatur cognitionem deorum. **33** Aristotelesque in tertio de philosophia 5 libro multa turbat a magistro suo Platone dissentiens; modo enim menti tribuit omnem divinitatem, modo mundum ipsum deum dicit esse, modo alium quendam praeficit mundo eique eas partis tribuit ut replicatione quadam mundi motum regat atque tueatur, tum caeli ardorem deum dicit esse non intellegens caelum mundi esse partem, quem alio loco ipse 10 designarit deum. Quo modo autem caeli divinus ille sensus in celeritate tanta conservari potest? Ubi deinde illi tot dii, si numeramus etiam caelum deum? Cum autem sine corpore idem vult esse deum, omni illum sensu privat, etiam prudentia. Quo porro modo mundus moveri carens corpore aut quo modo semper se movens esse quietus et beatus potest? **34** Nec 15 vero eius condiscipulus Xenocrates in hoc genere prudentior, cuius in libris qui sunt de natura deorum nulla species divina describitur; deos enim octo esse dicit, quinque eos qui in stellis vagis nominantur, unum qui ex omnibus sideribus quae infixa caelo sint, ex dispersis quasi membris simplex sit putandus deus, septimum solem adiungit octavamque lunam; 20 qui quo sensu beati esse possint intellegi non potest. Ex eadem Platonis schola Ponticus Heraclides puerilibus fabulis refersit libros, et tamen modo mundum tum mentem divinam esse putat, errantibus etiam stellis divinitatem tribuit sensuque deum privat et eius formam mutabilem esse vult, eodemque in libro rursus terram et caelum refert in deos. **35** Nec 25 vero Theophrasti inconstantia ferenda est; modo enim menti divinum tribuit principatum, modo caelo, tum autem signis sideribusque caelestibus. Nec audiendus eius auditor Strato, is qui physicus appellatur, qui omnem vim divinam in natura sitam esse censet, quae causas gignendi, augendi, minuendi habeat sed careat omni et sensu et figura. **36** Zeno 30 autem, ut iam ad vestros, Balbe, veniam, naturalem legem divinam esse censet, eamque vim obtinere recta imperantem prohibentemque contraria. Quam legem quo modo efficiat animantem intellegere non possumus; deum autem animantem certe volumus esse. Atque hic idem alio loco aethera deum dicit: si intellegi potest nihil sentiens deus, qui numquam 35 nobis occurrit neque in precibus neque in optatis neque in votis. Aliis autem libris rationem quandam per omnium naturam rerum pertinentem vi divina esse adfectam putat. Idem astris hoc idem tribuit, tum annis, mensibus, annorumque mutationibus. Cum vero Hesiodi Theogoniam, id est originem deorum, interpretatur, tollit omnino usitatas perceptasque 40 cognitiones deorum; neque enim Iovem neque Iunonem neque Vestam neque quemquam qui ita appelletur in deorum habet numero, sed rebus inanimis atque mutis per quandam significationem haec docet tributa nomina. **37** Cuius discipuli Aristonis non minus magno in errore sententia est, qui neque formam dei intellegi posse censeat neque in dis 45 sensum esse dicat dubitetque omnino deus animans necne sit. Cleanthes autem, qui Zenonem audivit una cum eo quem proxime nominavi, tum ipsum mundum deum dicit esse, tum totius naturae menti atque animo tribuit hoc nomen, tum ultimum et altissimum atque undique circumfusum

et extremum omnia cingentem atque conplexum ardorem, qui aether nominetur, certissimum deum iudicat. Idemque quasi delirans in his libris quos scripsit contra voluptatem tum fingit formam quandam et speciem deorum, tum divinitatem omnem tribuit astris, tum nihil ratione censet
5 esse divinius. Ita fit ut deus ille, quem mente noscimus atque in animi notione tamquam in vestigio volumus reponere, nusquam prorsus appareat. **38** At Persaeus, eiusdem Zenonis auditor, eos esse habitos deos a quibus aliqua magna utilitas ad vitae cultum esset inventa, ipsasque res utiles et salutares deorum esse vocabulis nuncupatas, ut ne hoc quidem diceret, illa
10 inventa esse deorum, sed ipsa divina; quo quid absurdius quam aut res sordidas atque deformis deorum honore adficere aut homines iam morte deletos reponere in deos, quorum omnis cultus esset futurus in luctu. **39** Iam vero Chrysippus, qui Stoicorum somniorum vaferrumus habetur interpres, magnam turbam congregat ignotorum deorum, atque ita
15 ignotorum ut eos ne coniectura quidem informare possimus, cum mens nostra quidvis videatur cogitatione posse depingere. Ait enim vim divinam in ratione esse positam et in universae naturae animo atque mente, ipsumque mundum deum dicit esse et eius animi fusionem universam, tum eius ipsius principatum qui in mente et ratione versetur, communemque
20 rerum naturam, universam atque omnia continentem, tum fatalem umbram et necessitatem rerum futurarum, ignem praeterea et eum quem ante dixi aethera, tum ea quae natura fluerent atque manarent, ut et aquam et terram et aera, solem, lunam, sidera, universitatemque rerum qua omnia continerentur, atque etiam homines eos qui inmortalitatem essent
25 consecuti. **40** Idemque disputat aethera esse eum quem homines Iovem appellarent, quique aer per maria manaret eum esse Neptunum, terramque eam esse quae Ceres diceretur, similique ratione persequitur vocabula reliquorum deorum. Idemque etiam legis perpetuae et aeternae vim, quae quasi dux vitae et magistra officiorum sit, Iovem dicit esse, eandemque
30 fatalem necessitatem appellat sempiternam rerum futurarum veritatem; quorum nihil tale est ut in eo vis divina inesse videatur. **41** Et haec quidem in primo libro de natura deorum; in secundo autem volt Orphei, Musaei, Hesiodi Homerique fabellas accommodare ad ea quae ipse primo libro de deis inmortalibus dixerit, ut etiam veterrimi poetae, qui haec ne
35 suspicati quidem sint, Stoici fuisse videantur. Quem Diogenes Babylonius consequens in eo libro qui inscribitur de Minerva, partum Iovis ortumque virginis ad physiologiam traducens deiungit a fabula.

    42 Exposui fere non philosophorum iudicia sed delirantium somnia. Nec enim multo absurdiora sunt ea quae poetarum vocibus fusa ipsa
40 suavitate nocuerunt, qui et ira inflammatos et libidine furentis induxerunt deos feceruntque ut eorum bella, proelia, pugnas, vulnera videremus, odia praeterea, discidia, discordias, ortus, interitus, querellas, lamentationes, effusas in omni intemperantia libidines, adulteria, vincula, cum humano genere concubitus mortalisque ex inmortali procreatos.

45   **43** Cum poetarum autem errore coniungere licet portenta magorum Aegyptiorumque in eodem genere dementiam, tum etiam vulgi opiniones, quae in maxima inconstantia veritatis ignoratione versantur.

    Ea qui consideret quam inconsulte ac temere dicantur, venerari Epicurum et in eorum ipsorum numero de quibus haec quaestio est habere

debeat. Solus enim vidit primum esse deos, quod in omnium animis
eorum notionem inpressisset ipsa natura. Quae est enim gens aut quod
genus hominum quod non habeat sine doctrina anticipationem quandam
deorum, quam appellat πρόλημψιν Epicurus, id est anteceptam animo rei
quandam informationem, sine qua nec intellegi quicquam nec quaeri nec   5
disputari potest? Quoius rationis vim atque utilitatem ex illo caelesti
Epicuri de regula et iudicio volumine accepimus. **44** Quod igitur
fundamentum huius quaestionis est, id praeclare iactum videtis. Cum enim
non instituto aliquo aut more aut lege sit opinio constituta maneatque ad
unum omnium firma consensio, intellegi necesse est esse deos, quoniam   10
insitas eorum vel potius innatas cognitiones habemus; de quo autem
omnium natura consentit, id verum esse necesse est; esse igitur deos
confitendum est. Quod quoniam fere constat inter omnis non philosophos
solum sed etiam indoctos, fatemur constare illud etiam, hanc nos habere
sive anticipationem, ut ante dixi, sive praenotionem deorum (sunt enim   15
rebus novis nova ponenda nomina, ut Epicurus ipse πρόλημψιν appellavit,
quam antea nemo eo verbo nominarat). **45** Hanc igitur habemus, ut deos
beatos et inmortales putemus. Quae enim nobis natura informationem
ipsorum deorum dedit, eadem insculpsit in mentibus ut eos aeternos et
beatos haberemus. Quod si ita est, vere exposita illa sententia est ab   20
Epicuro, quod beatum aeternumque sit id nec habere ipsum negotii
quicquam nec exhibere alteri, itaque neque ira neque gratia teneri, quod quae
talia essent inbecilla essent omnia.

   Si nihil aliud quaereremus nisi ut deos pie coleremus et ut
superstitione liberaremur, satis erat dictum; nam et praestans deorum natura 25
hominum pietate coleretur, cum et aeterna esset et beatissima (habet enim
venerationem iustam quicquid excellit), et metus omnis a vi atque ira
deorum pulsus esset; intelligitur enim a beata inmortalique natura et iram
et gratiam segregari; quibus remotis nullos a superis inpendere metus. Sed
ad hanc confirmandam opinionem anquirit animus et formam et vitam et   30
actionem mentis atque agitationem in deo.

   46 Ac de forma quidem partim natura nos admonet partim ratio docet.
Nam a natura habemus omnes omnium gentium speciem nullam aliam
nisi humanam deorum; quae enim forma alia occurrit umquam aut vigilanti
cuiquam aut dormienti? Sed ne omnia revocentur ad primas notiones, ratio   35
hoc idem ipsa declarat. **47** Nam cum praestantissumam naturam, vel quia
beata est vel quia sempiterna, convenire videatur eandem esse
pulcherrimam, quae conpositio membrorum, quae conformatio
liniamentorum, quae figura, quae species humana potest esse pulchrior?
Vos quidem, Lucili, soletis (nam Cotta meus modo hoc modo illud), cum   40
artificium effingitis fabricamque divinam, quam sint omnia in hominis
figura non modo ad usum verum etiam ad venustatem apta describere. **48**
Quod si omnium animantium formam vincit hominis figura, deus autem
animans est, ea figura profecto est quae pulcherrima est omnium.
Quoniamque deos beatissimos esse constat, beatus autem esse sine virtute   45
nemo potest, nec virtus sine ratione constare, nec ratio usquam inesse nisi
in hominis figura, hominis esse specie deos confitendum est. **49** Nec
tamen ea species corpus est sed quasi corpus, nec habet sanguinem sed
quasi sanguinem. Haec quamquam et inventa sunt acutius et dicta subtilius

ab Epicuro quam ut quivis ea possit agnoscere, tamen fretus intellegentia
vestra dissero brevius quam causa desiderat. Epicurus autem, qui res
occultas et penitus abditas non modo videat animo sed etiam sic tractet ut
manu, docet eam esse vim et naturam deorum, ut primum non sensu sed
5   mente cernatur, nec soliditate quadam nec ad numerum, ut ea quae ille
propter firmitatem στερέμνια appellat, sed imaginibus similitudine et
transitione perceptis, cum infinita simillumarum imaginum species ex
innumerabilibus individuis existat et ad deos adfluat, cum maximis
voluptatibus in eas imagines mentem intentam infixamque nostram
10 intelligentiam capere quae sit et beata natura et aeterna. **50** Summa vero
vis infinitatis et magna ac diligenti contemplatione dignissima est. In qua
intelligi necesse est eam esse naturam ut omnia omnibus paribus paria
respondeant; hanc ἰσονομίαν appellat Epicurus, id est aequabilem
tributionem. Ex hac igitur illud efficitur, si mortalium tanta multitudo sit,
15 esse inmortalium non minorem, et si quae interimant innumerabilia sint,
etiam ea quae conservent infinita esse debere.

Et quaerere a nobis, Balbe, soletis quae vita deorum sit quaeque ab iis
degatur aetas. **51** Ea videlicet qua nihil beatius, nihil omnibus bonis
affluentius cogitari potest. Nihil enim agit, nullis occupationibus est
20 inplicatus, nulla opera molitur, sua sapientia et virtute gaudet, habet
exploratum fore se semper cum in maximis tum in aeternis voluptatibus.
52 Hunc deum rite beatum dixerimus, vestrum vero laboriosissimum.
Sive enim ipse mundus deus est, quid potest esse minus quietum quam
nullo puncto temporis intermisso versari circum axem caeli admirabili
25 celeritate? Nisi quietum autem nihil beatum est. Sive in ipso mundo deus
inest aliquis, qui regat, qui gubernet, qui cursus astrorum, mutationes
temporum, rerum vicissitudines ordinesque conservet, terras et maria
contemplans hominum commoda vitasque tueatur, ne ille est inplicatus
molestis negotiis et operosis. **53** Nos autem beatam vitam in animi
30 securitate et in omnium vacatione munerum ponimus. Docuit enim nos
idem qui cetera, natura effectum esse mundum, nihil opus fuisse fabrica,
tamque eam rem esse facilem, quam vos effici negetis sine divina posse
sollertia, ut innumerabiles natura mundos effectura sit, efficiat, effecerit.
Quod quia quem ad modum natura efficere sine aliqua mente possit non
35 videtis, ut tragici poetae, cum explicare argumenti exitum non potestis,
confugitis ad deum. **54** Cuius operam profecto non desideraretis, si
inmensam et interminatam in omnis partis magnitudinem regionum
videretis, in quam se iniciens animus et intendens ita late longeque
peregrinatur, ut nullam tamen oram ultimi videat in qua possit insistere.
40 In hac igitur inmensitate latitudinum, longitudinum, altitudinum infinita
vis innumerabilium volitat atomorum, quae interiecto inani cohaerescunt
tamen inter se et aliae alias adprehendentes continuantur; ex quo efficiuntur
eae rerum formae et figurae, quas vos effici posse sine follibus et incudibus
non putatis. Itaque inposuistis in cervicibus nostris sempiternum
45 dominum, quem dies et noctes timeremus. Quis enim non timeat omnia
providentem et cogitantem et animadvertentem et omnia ad se pertinere
putantem curiosum et plenum negotii deum? **55** Hinc vobis extitit
primum illa fatalis necessitas, quam εἱμαρμένην dicitis, ut quicquid accidat
id ex aeterna veritate causarumque continuatione fluxisse dicatis. Quanti

autem haec philosophia aestimanda est, cui tamquam aniculis, et his
quidem indoctis, fato fieri videantur omnia? Sequitur μαντική vestra, quae
Latine divinatio dicitur, qua tanta inbueremur superstitione si vos audire
vellemus, ut haruspices, augures, harioli, vates, coniectores nobis essent
colendi. **56** His terroribus ab Epicuro soluti et in libertatem vindicati nec   5
metuimus eos quos intellegimus nec sibi fingere ullam molestiam nec
alteri quaerere, et pie sancteque colimus naturam excellentem atque
praestantem.

Sed elatus studio vereor ne longior fuerim. Erat autem difficile rem
tantam tamque praeclaram inchoatam relinquere; quamquam non tam   10
dicendi ratio mihi habenda fuit quam audiendi.'

57 Tum Cotta comiter, ut solebat, 'Atqui,' inquit, 'Vellei, nisi tu
aliquid dixisses, nihil sane ex me quidem audire potuisses. Mihi enim non
tam facile in mentem venire solet quare verum sit aliquid quam quare
falsum; idque cum saepe tum cum te audirem paulo ante contigit. Roges   15
me qualem naturam deorum esse dicam, nihil fortasse respondeam; quaeras
putemne talem esse qualis modo a te sit exposita, nihil dicam mihi videri
minus.

Sed ante quam adgrediar ad ea quae a te disputata sunt, de te ipso
dicam quid sentiam. **58** Saepe enim de L. Crasso illo familiari tuo videor   20
audisse, cum te togatis omnibus sine dubio anteferret, paucos tecum
Epicureos e Graecia compararet, sed, quod ab eo te mirifice diligi
intellegebam, arbitrabar illum propter benivolentiam uberius id dicere.
Ego autem, etsi vereor laudare praesentem, iudico tamen de re obscura atque
difficili a te dictum esse dilucide, neque sententiis solum copiose sed verbis   25
etiam ornatius quam solent vestri. **59** Zenonem, quem Philo noster
coryphaeum appellare Epicureorum solebat, cum Athenis essem audiebam
frequenter, et quidem ipso auctore Philone, credo ut facilius iudicarem quam
illa bene refellerentur, cum a principe Epicureorum accepissem quem ad
modum dicerentur. Non igitur ille ut plerique, sed isto modo ut tu,   30
distincte, graviter, ornate. Sed quod in illo mihi usu saepe venit, idem
modo cum te audirem accidebat, ut moleste ferrem tantum ingenium (bona
venia me audies) in tam leves, ne dicam in tam ineptas, sententias
incidisse. **60** Nec ego nunc ipse aliquid adferam melius. Ut enim modo
dixi, omnibus fere in rebus sed maxime in physicis, quid non sit citius   35
quam quid sit dixerim. Roges me quid aut quale sit deus: auctore utar
Simonide, de quo cum quaesivisset hoc idem tyrannus Hiero, deliberandi
sibi unum diem postulavit; cum idem ex eo postridie quaereret, biduum
petivit; cum saepius duplicaret numerum dierum admiransque Hiero
requireret cur ita faceret, 'quia quanto diutius considero,' inquit, 'tanto mihi   40
spes videtur obscurior.' Sed Simonidem arbitror (non enim poeta solum
suavis verum etiam ceteroqui doctus sapiensque traditur), quia multa
venirent in mentem acuta atque subtilia, dubitantem quid eorum esset
verissimum desperasse omnem veritatem. **61** Epicurus vero tuus (nam
cum illo malo disserere quam tecum) quid dicit quod non modo philosophia   45
dignum esset sed mediocri prudentia?

Quaeritur primum in ea quaestione quae est de natura deorum sintne
dei necne sint. 'Difficile est negare.' Credo, si in contione quaeratur, sed
in huius modi sermone et consessu facillimum. Itaque ego ipse pontifex,

qui caerimonias religionesque publicas sanctissime tuendas arbitror, is hoc
quod primum est, esse deos, persuaderi mihi non opinione solum sed etiam
ad veritatem plane velim.   Multa enim occurrunt quae conturbent, ut
interdum nulli esse videantur. **62** Sed vide quam tecum agam liberaliter:
5 quae communia sunt vobis cum ceteris philosophis non attingam, ut hoc
ipsum; placet enim omnibus fere mihique ipsi in primis deos esse. Itaque
non pugno; rationem tamen eam quae a te adfertur non satis firmam puto.
Quod enim omnium gentium generumque hominibus ita videretur, id satis
magnum argumentum esse dixisti cur esse deos confiteremur. Quod cum
10 leve per se tum etiam falsum est. Primum enim unde tibi notae sunt
opiniones nationum? Equidem arbitror multas esse gentes sic inmanitate
efferatas, ut apud eas nulla suspicio deorum sit. **63** Quid Diagoras, Atheos
qui dictus est, posteaque Theodorus nonne aperte deorum naturam
sustulerunt? Nam Abderites quidem Protagoras, cuius a te modo mentio
15 facta est, sophistes temporibus illis vel maximus, cum in principio libri
sic posuisset 'De divis neque ut sint neque ut non sint habeo dicere,'
Atheniensium iussu urbe atque agro est exterminatus librique eius in
contione combusti; ex quo equidem existimo tardioris ad hanc sententiam
profitendam multos esse factos, quippe cum poenam ne dubitatio quidem
20 effugere potuisset. Quid de sacrilegis, quid de impiis periurisque dicemus?
              'Tubulus si Lucius umquam
              si Lupus aut Carbo aut Neptuni filius,'
ut ait Lucilius, putasset esse deos, tam periurus aut tam inpurus fuisset?
64 Non est igitur tam explorata ista ratio ad id quod vultis confirmandum
25 quam videtur.   Sed quia commune hoc est argumentum aliorum etiam
philosophorum, omittam hoc tempore; ad vestra propria venire malo.
     65 Concedo esse deos; doce me igitur unde sint, ubi sint, quales sint
corpore, animo, vita; haec enim scire desidero.   Abuteris ad omnia
atomorum regno et licentia; hinc quodcumque in solum venit, ut dicitur,
30 effingis atque efficis. Quae primum nullae sunt. Nihil est enim
                         ***
quod vacet corpore, corporibus autem omnis obsidetur locus; ita nullum
inane, nihil esse individuum potest. **66** Haec ego nunc physicorum oracla
fundo, vera an falsa nescio, sed veri tamen similiora quam vestra. Ista
35 enim flagitia Democriti sive etiam ante Leucippi, esse corpuscula quaedam
levia, alia aspera, rutunda alia, partim autem angulata et hamata, curvata
quaedam et quasi adunca, ex iis effectum esse caelum atque terram nulla
cogente natura sed concursu quodam fortuito--hanc tu opinionem, C.
Vellei, usque ad hanc aetatem perduxisti, priusque te quis de omni vitae
40 statu quam de ista auctoritate deiecerit; ante enim iudicasti Epicureum te
esse oportere quam ista cognovisti: ita necesse fuit aut haec flagitia
concipere animo aut susceptae philosophiae nomen amittere. **67** Quid
enim mereas, ut Epicureus esse desinas? 'Nihil equidem,' inquis, 'ut
rationem vitae beatae veritatemque deseram.' Ista igitur est veritas? Nam
45 de vita beata nihil repugno, quam tu ne in deo quidem esse censes nisi
plane otio langueat.   Sed ubi est veritas?   In mundis, credo,
innumerabilibus, omnibus minimis temporum punctis aliis nascentibus,
aliis cadentibus; an in individuis corpusculis tam praeclara opera nulla
moderante natura, nulla ratione fingentibus? Sed oblitus liberalitatis meae,

qua tecum paulo ante uti coeperam, plura complector. Concedam igitur ex individuis constare omnia; quid ad rem? Deorum enim natura quaeritur. **68** Sint sane ex atomis; non igitur aeterni. Quod enim ex atomis, id natum aliquando est; si natum, nulli dei ante quam nati; et si ortus est deorum, interitus sit necesse est, ut tu paulo ante de Platonis mundo 5 disputabas. Ubi igitur illud vestrum beatum et aeternum, quibus duobus verbis significatis deum? Quod cum efficere vultis, in dumeta conrepitis. Ita enim dicebas, non corpus esse in deo sed quasi corpus, nec sanguinem sed tamquam sanguinem.

69 Hoc persaepe facitis, ut, cum aliquid non veri simile dicatis et 10 effugere reprehensionem velitis, adferatis aliquid quod omnino ne fieri quidem possit, ut satius fuerit illud ipsum de quo ambigebatur concedere quam tam inpudenter resistere. Velut Epicurus cum videret, si atomi ferrentur in locum inferiorem suopte pondere, nihil fore in nostra potestate, quod esset earum motus certus et necessarius, invenit quo modo 15 necessitatem effugeret, quod videlicet Democritum fugerat: ait atomum, cum pondere et gravitate directo deorsus feratur, declinare paululum. **70** Hoc dicere turpius est quam illud quod vult non posse defendere. Idem facit contra dialecticos; a quibus cum traditum sit in omnibus diiunctionibus, in quibus 'aut etiam aut non' poneretur, alterum utrum esse verum, pertimuit 20 ne, si concessum esset huius modi aliquid 'aut vivet cras aut non vivet Epicurus,' alterutrum fieret necessarium: totum hoc 'aut etiam aut non' negavit esse necessarium; quo quid dici potuit obtusius? Urguebat Arcesilas Zenonem, cum ipse falsa omnia diceret quae sensibus viderentur, Zenon autem non nulla visa esse falsa, non omnia; timuit Epicurus ne, si 25 unum visum esset falsum, nullum esset verum: omnes sensus veri nuntios dixit esse. Nihil horum nisi †valde; graviorem enim plagam accipiebat ut leviorem repelleret.

71 Idem facit in natura deorum: dum individuorum corporum concretionem fugit ne interitus et dissipatio consequatur, negat esse corpus 30 deorum sed tamquam corpus, nec sanguinem sed tamquam sanguinem. Mirabile videtur quod non rideat haruspex cum haruspicem viderit; hoc mirabilius quam vos inter vos risum tenere possitis? 'Non est corpus sed quasi corpus': hoc intellegerem quale esset, si in cereis fingeretur aut fictilibus figuris; in deo quid sit quasi corpus aut quid sit quasi sanguis 35 intellegere non possum. Ne tu quidem, Vellei, sed non vis fateri.

72 Ista enim a vobis quasi dictata redduntur, quae Epicurus oscitans halucinatus est, cum quidem gloriaretur, ut videmus in scriptis, se magistrum habuisse nullum. Quod et non praedicanti tamen facile equidem crederem, sicut mali aedificii domino glorianti se architectum non 40 habuisse; nihil enim olet ex Academia, nihil ex Lycio, nihil ne e puerilibus quidem disciplinis. Xenocraten audire potuit (quem virum, dii inmortales!), et sunt qui putent audisse; ipse non vult: credo plus nemini. Pamphilum quendam Platonis auditorem ait a se Sami auditum (ibi enim adulescens habitabat cum patre et fratribus, quod in eam pater eius Neocles 45 agripeta venerat, sed cum agellus eum non satis aleret, ut opinor, ludi magister fuit); **73** sed hunc Platonicum mirifice contemnit Epicurus: ita metuit ne quid umquam didicisse videatur. In Nausiphane Democriteo tenetur; quem cum a se non neget auditum vexat tamen omnibus

contumeliis. Atqui si haec Democritea non audisset, quid audierat? Quid
est in physicis Epicuri non a Democrito? Nam etsi quaedam commutavit,
ut quod paulo ante de inclinatione atomorum dixi, tamen pleraque dicit
eadem: atomos, inane, imagines, infinitatem locorum
5 innumerabilitatemque mundorum, eorum ortus, interitus, omnia fere
quibus naturae ratio continetur.

Nunc istuc quasi corpus et quasi sanguinem quid intellegis? **74** Ego
enim te scire ista melius quam me non fateor solum sed etiam facile patior;
cum quidem semel dicta sunt, quid est quod Velleius intellegere possit,
10 Cotta non possit? Itaque corpus quid sit, sanguis quid sit intellego; quasi
corpus et quasi sanguis quid sit, nullo prorsus modo intellego. Neque tu
me celas ut Pythagoras solebat alienos, nec consulto dicis occulte tamquam
Heraclitus, sed, quod inter nos liceat, ne tu quidem intellegis. **75** Illud
video pugnare te, species ut quaedam sit deorum, quae nihil concreti habeat,
15 nihil solidi, nihil expressi, nihil eminentis, sitque pura, levis, perlucida.
Dicemus igitur idem quod in Venere Coa: corpus illud non est sed simile
corporis, nec ille fusus et candore mixtus rubor sanguis est sed quaedam
sanguinis similitudo; sic in Epicureo deo non rem sed similitudinem esse
rerum.

20 Fac id quod ne intellegi quidem potest mihi esse persuasum; cedo
mihi istorum adumbratorum deorum liniamenta atque formas. **76** Non
deest hoc loco copia rationum, quibus docere velitis humanas esse formas
deorum; primum quod ita sit informatum anticipatum<que> mentibus
nostris ut homini, cum de deo cogitet, forma occurrat humana; deinde cum,
25 quoniam rebus omnibus excellat natura divina, forma quoque esse
pulcherrima debeat, nec esse humana ullam pulchriorem; tertiam rationem
adfertis, quod nulla in alia figura domicilium mentis esse possit. **77**
Primum igitur quidque considera quale sit; arripere enim mihi videmini
quasi vestro iure rem nullo modo probabilem. Quis tam caecus in
30 contemplandis rebus umquam fuit, ut non videret species istas hominum
conlatas in deos aut consilio quodam sapientium, quo facilius animos
imperitorum ad deorum cultum a vitae pravitate converterent, aut
superstitione, ut essent simulacra quae venerantes deos ipsos se adire
crederent. Auxerunt autem haec eadem poetae, pictores, opifices; erat enim
35 non facile agentis aliquid et molientes deos in aliarum formarum imitatione
servare.

Accessit etiam ista opinio fortasse, quod homini homine pulchrius
nihil videatur. Sed tu hoc, physice, non vides, quam blanda conciliatrix et
quasi sui sit lena natura? An putas ullam esse terra marique beluam quae
40 non sui generis belua maxime delectetur? Quod ni ita esset, cur non
gestiret taurus equae contrectatione, equus vaccae? An tu aquilam aut
leonem aut delphinum ullam anteferre censes figuram suae? Quid igitur
mirum, si hoc eodem modo homini natura praescripsit ut nihil pulchrius
quam hominem putaret, eam esse causam cur deos hominum similis
45 putaremus? **78** Quid censes, si ratio esset in beluis, non suo quasque
generi plurimum tributuras fuisse? At mehercule ego (dicam enim ut
sentio) quamvis amem ipse me tamen non audeo dicere pulchriorem esse
me quam ille fuerit taurus qui vexit Europam; non enim hoc loco de
ingeniis aut de orationibus nostris sed de specie figuraque quaeritur. Quod

si fingere nobis et iungere formas velimus, qualis ille maritimus Triton
pingitur, natantibus invehens beluis adiunctis humano corpore, nolis esse.
Difficili in loco versor; est enim vis tanta naturae, ut homo nemo velit
nisi hominis similis esse. **79** Et quidem formica formicae. Sed tamen
cuius hominis? Quotus enim quisque formonsus est? Athenis cum essem,   5
e gregibus epheborum vix singuli reperiebantur--video quid adriseris, sed ita
tamen se res habet. Deinde nobis, qui concedentibus philosophis antiquis
adulescentulis delectamur, etiam vitia saepe iucunda sunt. Naevos in
articulo pueri delectat Alcaeum; at est corporis macula naevos; illi tamen
hoc lumen videbatur. Q. Catulus, huius collegae et familiaris nostri pater,   10
dilexit municipem tuum Roscium, in quem etiam illud est eius:
　　　'Constiteram exorientem Auroram forte salutans
　　　　　cum subito a laeva Roscius exoritur.
　　　Pace mihi liceat, caelestes, dicere vestra:
　　　　　mortalis visus pulchrior esse deo.'   15
Huic deo pulchrior; at erat, sicuti hodie est, perversissimis oculis. Quid
refert, si hoc ipsum salsum illi et venustum videbatur? Redeo ad deos. **80**
Ecquos si non tam strabones at paetulos esse arbitramur, ecquos naevum
habere, ecquos silos, flaccos, frontones, capitones, quae sunt in nobis, an
omnia emendata in illis? Detur id vobis; num etiam una est omnium   20
facies? Nam si plures, aliam esse alia pulchriorem necesse est, igitur
aliquis non pulcherrimus deus; si una omnium facies est, florere in caelo
Academiam necesse est: si enim nihil inter deum et deum differt, nulla est
apud deos cognitio, nulla perceptio.
　　81 Quod si etiam, Vellei, falsum illud omnino est, nullam aliam   25
nobis de deo cogitantibus speciem nisi hominis occurrere, tamenne ista
tam absurda defendes? Nobis fortasse sic occurrit ut dicis; a parvis enim
Iovem, Iunonem, Minervam, Neptunum, Vulcanum, Apollinem, reliquos
deos ea facie novimus qua pictores fictoresque voluerunt, neque solum facie
sed etiam ornatu, aetate, vestitu. At non Aegyptii nec Syri nec fere cuncta   30
barbaria; firmiores enim videas apud eos opiniones esse de bestiis
quibusdam quam apud nos de sanctissimis templis et simulacris deorum.
82 Etenim fana multa spoliata et simulacra deorum de locis sanctissimis
ablata videmus a nostris, at vero ne fando quidem auditum est crocodilum
aut ibin aut faelem violatum ab Aegyptio. Quid igitur censes? Apim   35
illum sanctum Aegyptiorum bovem nonne deum videri Aegyptiis? Tam
hercle quam tibi illam vestram Sospitam. Quam tu numquam ne in somnis
quidem vides nisi cum pelle caprina, cum hasta, cum scutulo, cum
calceolis repandis. At non est talis Argia nec Romana Iuno. Ergo alia
species Iunonis Argivis, alia Lanuinis. Et quidem alia nobis Capitolini,   40
alia Afris Hammonis Iovis. **83** Non pudet igitur physicum, id est
speculatorem venatoremque naturae, ab animis consuetudine inbutis petere
testimonium veritatis? Isto enim modo dicere licebit Iovem semper
barbatum, Apollinem semper inberbem, caesios oculos Minervae,
caeruleos esse Neptuni. Et quidem laudamus Athenis Volcanum eum quem   45
fecit Alcamenes, in quo stante atque vestito leviter apparet claudicatio non
deformis: claudum igitur habebimus deum, quoniam de Volcano sic
accepimus. Age et his vocabulis esse deos facimus quibus a nobis
nominantur? **84** At primum, quot hominum linguae, tot nomina deorum;

non enim ut tu Velleius, quocumque veneris, sic idem in Italia Volcanus,
idem in Africa, idem in Hispania. Deinde nominum non magnus numerus
ne in pontificiis quidem nostris, deorum autem innumerabilis. An sine
nominibus sunt? Istud quidem ita vobis dicere necesse est; quid enim
5   attinet, cum una facies sit, plura esse nomina? Quam bellum erat, Vellei,
confiteri potius nescire quod nescires quam ista effutientem nauseare atque
ipsum sibi displicere. An tu mei similem putas esse aut tui deum?
Profecto non putas.

    'Quid ergo, solem dicam aut lunam aut caelum deum? Ergo etiam
10 beatum? Quibus fruentem voluptatibus? Et sapientem? Qui potest esse in
eius modi trunco sapientia?' Haec vestra sunt. **85** Si igitur nec humano
*, quod docui, nec tali aliquo, quod tibi ita persuasum est, quid dubitas
negare deos esse? Non audes. Sapienter id quidem, etsi hoc loco non
populum metuis sed ipsos deos. Novi ego Epicureos omnia sigilla
15 venerantes. Quamquam video non nullis videri Epicurum, ne in
offensionem Atheniensium caderet, verbis reliquisse deos, re sustulisse.
Itaque in illis selectis eius brevibusque sententiis, quas appellatis κυρίας
δόξας, haec, ut opinor, prima sententia est: 'Quod beatum et inmortale est,
id nec habet nec exhibet cuiquam negotium.' In hac ita exposita sententia
20 sunt qui existiment, quod ille inscitia plane loquendi fecerit, fecisse
consulto: de homine minime vafro male existimant. **86** Dubium est
enim utrum dicat aliquid esse beatum et inmortale an si quod sit id esse
tale. Non animadvertunt hic eum ambigue locutum esse, sed multis aliis
locis et illum et Metrodorum tam aperte quam paulo ante te. Ille vero deos
25 esse putat, nec quemquam vidi qui magis ea quae timenda esse negaret
timeret, mortem dico et deos; quibus mediocres homines non ita valde
moventur, his ille clamat omnium mortalium mentes esse perterritas. Tot
milia latrocinantur morte proposita, alii omnia quae possunt fana
conpilant; credo aut illos mortis timor terret aut hos religionis.

30   **87** Sed quoniam non audes (iam enim cum ipso Epicuro loquar)
negare esse deos, quid est quod te inpediat aut solem aut mundum aut
mentem aliquam sempiternam in deorum numero ponere? 'Numquam vidi,'
inquit, 'animam rationis consilique participem in ulla alia nisi humana
figura.' Quid? Solis numquidnam aut lunae aut quinque errantium siderum
35 simile vidisti? Sol duabus unius orbis ultimis partibus definiens motum
cursus annuos conficit; huius hanc lustrationem eiusdem incensa radiis
menstruo spatio luna complet; quinque autem stellae eundem orbem
tenentes, aliae propius a terris, aliae remotius, ab isdem principiis
disparibus temporibus eadem spatia conficiunt. Num quid tale, Epicure,
40 vidisti? **88** Ne sit igitur sol, ne luna, ne stellae, quoniam nihil esse potest
nisi quod attigimus aut vidimus. Quid? Deum ipsum numne vidisti? Cur
igitur credis esse? Omnia tollamus ergo quae aut historia nobis aut ratio
nova adfert. Ita fit ut mediterranei mare esse non credant. Quae sunt tantae
animi angustiae ut, si Seriphi natus esses nec umquam egressus ex insula,
45 · in qua lepusculos vulpeculasque saepe vidisses, non crederes leones et
pantheras esse, cum tibi quales essent dicerentur; si vero de elephanto quis
diceret, etiam rideri te putares.

    89 Et tu quidem, Vellei, non vestro more sed dialecticorum, quae
funditus gens vestra non novit, argumenti sententiam conclusisti. Beatos

esse deos sumpsisti: concedimus. Beatum autem esse sine virtute
neminem posse: id quoque damus, et libenter quidem. Virtutem autem
sine ratione constare non posse: conveniat id quoque necesse est.
Adiungis nec rationem esse nisi in hominibus figura. Quem tibi hoc
daturum putas? Si enim ita esset, quid opus erat te gradatim istuc   5
pervenire? Sumpsisses tuo iure. Quid autem est istuc gradatim? Nam a
beatis ad virtutem, a virtute ad rationem video te venisse gradibus; a ratione
ad humanam figuram quo modo accedis? Praecipitare istuc quidem est, non
descendere.

    90 Nec vero intellego cur maluerit Epicurus deos hominum similes   10
dicere quam homines deorum. Quaeres quid intersit; si enim hoc illi simile
sit, esse illud huic. Video, sed hoc dico, non ab hominibus formae figuram
venisse ad deos; di enim semper fuerunt, nati numquam sunt, si quidem
aeterni sunt futuri; at homines nati; ante igitur humana forma quam
homines, eaque erant forma dii inmortales: non ergo illorum humana   15
forma sed nostra divina dicenda est.

    Verum hoc quidem ut voletis; illud quaero, quae fuerit tanta fortuna
(nihil enim ratione in rerum natura factum esse vultis)—**91** sed tamen quis
iste tantus casus, unde tam felix concursus atomorum, ut repente homines
deorum forma nascerentur? Seminane deorum decidisse de caelo putamus in   20
terras et sic homines patrum similes extitisse? Vellem diceretis; deorum
cognationem agnoscerem non invitus. Nihil tale dicitis, sed casu esse
factum ut essemus similes deorum. Et nunc argumenta quaerenda sunt
quibus hoc refellatur. Utinam tam facile vera invenire possim quam falsa
convincere.   25

    Etenim enumerasti memoriter et copiose, ut mihi quidem admirari
luberet in homine esse Romano tantam scientiam, usque a Thale Milesio
de deorum natura philosophorum sententias. **92** Omnesne tibi illi delirare
visi sunt qui sine manibus et pedibus constare deum posse decreverint?

    Ne hoc quidem vos movet considerantis, quae sit utilitas quaeque   30
oportunitas in homine membrorum, ut iudicetis membris humanis deos
non egere? Quid enim pedibus opus est sine ingressu, quid manibus si
nihil conprehendendum est, quid reliqua discriptione omnium corporis
partium, in qua nihil inane, nihil sine causa, nihil supervacuaneum est,
itaque nulla ars imitari sollertiam naturae potest. Habebit igitur linguam   35
deus et non loquetur, dentes, palatum, fauces nullum ad usum, quaeque
procreationis causa natura corpori adfinxit ea frustra habebit deus; nec
externa magis quam interiora, cor, pulmones, iecur, cetera. Quae detracta
utilitate quid habent venustatis? (Quando quidem haec esse in deo propter
pulchritudinem voltis.)   40

    93 Istine fidentes somniis non modo Epicurus et Metrodorus et
Hermarchus contra Pythagoram, Platonem, Empedoclemque dixerunt, sed
meretricula etiam Leontium contra Theophrastum scribere ausa est--scito
illa quidem sermone et Attico, sed tamen! Tantum Epicuri hortus habuit
licentiae. Et soletis queri. Zeno quidem etiam litigabat. Quid dicam   45
Albucium; nam Phaedro nihil elegantius, nihil humanius, sed
stomachabatur senex si quid asperius dixeram, cum Epicurus Aristotelem
vexarit contumeliosissime, Phaedoni Socratico turpissime maledixerit,
Metrodori sodalis sui fratrem Timocraten, quia nescio quid in philosophia

dissentiret, totis voluminibus conciderit, in Democritum ipsum quem
secutus est fuerit ingratus, Nausiphanem magistrum suum, a quo nihil
didicerat, tam male acceperit. Zeno quidem non eos solum qui tum erant,
Apollodorum, Sillim, ceteros, figebat maledictis, sed Socraten ipsum
5   parentem philosophiae, Latino verbo utens, scurram Atticum fuisse
dicebat, Chrysippum numquam nisi Chrysippam vocabat. **94** Tu ipse,
paulo ante cum tamquam senatum philosophorum recitares, summos viros
desipere, delirare, dementis esse dicebas. Quorum si nemo verum vidit de
natura deorum, verendum est ne nulla sit omnino.
10   Nam ista quae vos dicitis sunt tota commenticia, vix digna
lucubratione anicularum. Non enim sentitis quam multa vobis suscipienda
sint si inpetraritis ut concedamus eandem hominum esse et deorum
figuram. Omnis cultus et curatio corporis erit eadem adhibenda deo quae
adhibetur homini, ingressus, cursus, accubitio, inclinatio, sessio,
15   conprehensio, ad extremum etiam sermo et oratio. **95** Nam quod et maris
deos et feminas esse dicitis, quid sequatur videtis. Equidem mirari satis
non possum unde ad istas opiniones vester ille princeps venerit.
     Sed clamare non desinitis retinendum hoc esse, deus ut beatus
inmortalisque sit. Quid autem obstat quo minus sit beatus si non sit bipes,
20   aut ista sive beatitas sive beatitudo dicenda est (utrumque omnino durum,
sed usu mollienda nobis verba sunt)—verum ea quaecumque est cur aut in
solem illum aut in hunc mundum aut in aliquam mentem aeternam figura
membrisque corporis vacuam cadere non potest? **96** Nihil aliud dicis nisi
'Numquam vidi solem aut mundum beatum.' Quid? Mundum praeter hunc
25   umquamne vidisti? Negabis. Cur igitur non sescenta milia esse
mundorum sed innumerabilia ausus es dicere? 'Ratio docuit.' Ergo hoc te
ratio non docebit, cum praestantissima natura quaeratur eaque beata et
aeterna, quae sola divina natura est, ut inmortalitate vincamur ab ea natura
sic animi praestantia vinci, atque ut animi item corporis? Cur igitur, cum
30   ceteris rebus inferiores simus, forma pares sumus? Ad similitudinem enim
deorum propius accedebat humana virtus quam figura. **97** An quicquam
tam puerile dici potest (ut eundem locum diutius urgeam) quam si ea
genera beluarum quae in rubro mari Indiave gignantur nulla esse dicamus?
Atqui ne curiosissimi quidem homines exquirendo audire tam multa
35   possunt quam sunt multa quae terra, mari, paludibus, fluminibus existunt;
quae negemus esse, quia numquam vidimus?
     Ipsa vero quam nihil ad rem pertinet, quae vos delectat maxime,
similitudo. Quid? Canis nonne similis lupo (atque, ut Ennius, 'simia
quam similis turpissuma bestia nobis'); at mores in utroque dispares.
40   Elephanto beluarum nulla prudentior; ad figuram quae vastior? **98** De
bestiis loquor. Quid? Inter ipsos homines nonne et simillimis formis
dispares mores et moribus <paribus> figura dissimilis?
     Etenim si semel, Vellei, suscipimus genus hoc argumenti, attende
quo serpat. Tu enim sumebas nisi in hominis figura rationem inesse non
45   posse; sumet alius nisi in terrestri, nisi in eo qui natus sit, nisi in eo qui
adoleverit, nisi in eo qui didicerit, nisi in eo qui ex animo constet et
corpore caduco et infirmo, postremo nisi in homine atque mortali. Quod si
in omnibus his rebus obsistis, quid est quod te forma una conturbet? His
enim omnibus quae proposui adiunctis in homine rationem esse et mentem

videbas; quibus detractis deum tamen nosse te dicis, modo liniamenta
maneant. Hoc est non considerare sed quasi sortiri quid loquare.

99 Nisi forte ne hoc quidem adtendis, non modo in homine sed etiam
in arbore quicquid supervacuaneum sit aut usum non habeat obstare. Quam
molestum est uno digito plus habere! Quid ita? Quia nec speciem nec   5
usum alium quinque desiderant. Tuus autem deus non digito uno redundat
sed capite, collo, cervicibus, lateribus, alvo, tergo, poplitibus, manibus,
pedibus, feminibus, cruribus. Si ut inmortalis sit, quid haec ad vitam
membra pertinent, quid ipsa facies? Magis illa, cerebrum, cor, pulmones,
iecur; haec enim sunt domicilia vitae; oris quidem habitus ad vitae   10
firmitatem nihil pertinet. **100** Et eos vituperabas, qui ex operibus
magnificis atque praeclaris, cum ipsum mundum, cum eius membra,
caelum, terras, maria, cumque horum insignia, solem, lunam, stellasque
vidissent, cumque temporum maturitates, mutationes, vicissitudinesque
cognovissent, suspicati essent aliquam excellentem esse praestantemque   15
naturam, quae haec effecisset, moveret, regeret, gubernaret. Qui etiam si
aberrant a coniectura, video tamen quid sequantur; tu quod opus tandem
magnum et egregium habes quod effectum divina mente videatur, ex quo
esse deos suspicere? 'Habebam,' inquis, 'in animo insitam informationem
quandam dei.' Et barbati quidem Iovis, galeatae Minervae; num igitur esse 20
talis putas? **101** Quanto melius haec vulgus imperitorum, qui non
membra solum hominis deo tribuant sed usum etiam membrorum; dant
enim arcum, sagittas, hastam, clipeum, fuscinam, fulmen, et si actiones
quae sint deorum non vident, nihil agentem tamen deum non queunt
cogitare. Ipsi qui inridentur Aegyptii nullam beluam nisi ob aliquam   25
utilitatem quam ex ea caperent consecraverunt; velut ibes maximam vim
serpentium conficiunt, cum sint aves excelsae, cruribus rigidis, corneo
proceroque rostro; avertunt pestem ab Aegypto, cum volucris anguis ex
vastitate Libyae vento Africo invectas interficiunt atque consumunt, ex quo
fit ut illae nec morsu vivae noceant nec odore mortuae. Possum de   30
ichneumonum utilitate, de crocodilorum, de faelium dicere, sed nolo esse
longus. Ita concludam, tamen beluas a barbaris propter beneficium
consecratas, vestrorum deorum non modo beneficium nullum extare, sed ne
factum quidem omnino. **102** 'Nihil habet,' inquit, 'negotii.' Profecto
Epicurus quasi pueri delicati nihil cessatione melius existimat. At ipsi   35
tamen pueri etiam cum cessant exercitatione aliqua ludicra delectantur;
deum sic feriatum volumus cessatione torpere, ut, si se commoverit,
vereamur ne beatus esse non possit? Haec oratio non modo deos spoliat
motu et actione divina, sed etiam homines inertis efficit, si quidem agens
aliquid ne deus quidem esse beatus potest.   40

103 Verum sit sane, ut vultis, deus effigies hominis et imago; quod
eius est domicilium, quae sedes, qui locus, quae deinde actio vitae, quibus
rebus, id quod vultis, beatus est? Utatur enim suis bonis oportet <et>
fruatur qui beatus futurus est. Nam locus quidem his etiam naturis, quae
sine animis sunt, suus est cuique proprius, ut terra infimum teneat, hanc 45
inundet aqua, superior <aeri>, aetheriis ignibus altissima ora reddatur;
bestiarum autem terrenae sunt aliae, partim aquatiles, aliae quasi ancipites
in utraque sede viventes, sunt quaedam etiam quae igne nasci putentur
appareantque in ardentibus fornacibus saepe volitantes. **104** Quaero igitur

vester deus primum ubi habitet, deinde quae causa eum loco moveat, si
modo movetur aliquando, postremo, cum hoc proprium sit animantium ut
aliquid adpetant quod sit naturae accommodatum, deus quid appetat, ad
quam denique rem motu mentis ac rationis utatur, postremo quo modo
5   beatus sit, quo modo aeternus. Quicquid enim horum attigeris ulcus est;
ita male instituta ratio exitum reperire non potest.

105 Sic enim dicebas, speciem dei percipi cogitatione non sensu, nec
esse in ea ullam soliditatem, neque eandem ad numerum permanere, eamque
esse eius visionem ut similitudine et transitione cernatur neque deficiat
10   umquam ex infinitis corporibus similium accessio, ex eoque fieri ut in
haec intenta mens nostra beatam illam naturam et sempiternam putet.
Hoc, per ipsos deos de quibus loquimur, quale tandem est? Nam si tantum
modo ad cogitationem valent nec habent ullam soliditatem nec
eminentiam, quid interest utrum de hippocentauro an de deo cogitemus?
15   Omnem enim talem conformationem animi ceteri philosophi motum
inanem vocant, vos autem adventum in animos et introitum imaginum
dicitis. 106 Ut igitur, Ti. Gracchum cum videor contionantem in
Capitolio videre de M. Octavio deferentem sitellam, tum eum motum
animi dico esse inanem, tu autem et Gracchi et Octavi imagines remanere,
20   quae in Capitolium cum pervenerim tum ad animum meum referantur--hoc
idem fieri in deo, cuius crebra facie pellantur animi, ex quo esse beati atque
aeterni intellegantur. 107 Fac imagines esse quibus pulsentur animi;
species dumtaxat obicitur quaedam; num etiam cur ea beata sit, cur aeterna?

Quae autem istae imagines vestrae aut unde? A Democrito omnino
25   haec licentia; sed et ille reprehensus a multis est, nec vos exitum reperitis,
totaque res vacillat et claudicat. Nam quid est quod minus probari possit,
omnium in me incidere imagines, Homeri, Archilochi, Romuli, Numae,
Pythagorae, Platonis--nec ea forma qua illi fuerunt? Quo modo illi ergo?
Et quorum imagines? Orpheum poetam docet Aristoteles numquam fuisse,
30   et hoc Orphicum carmen Pythagorei ferunt cuiusdam fuisse Cerconis; at
Orpheus, id est imago eius, ut vos vultis, in animum meum saepe incurrit.
108 Quid quod eiusdem hominis in meum aliae, aliae in tuum? Quid quod
earum rerum quae numquam omnino fuerunt neque esse potuerunt, ut
Scyllae, ut Chimaerae? Quid quod hominum, locorum, urbium earum quas
35   numquam vidimus? Quid quod simul ac mihi collibitum est praesto est
imago? Quid quod etiam ad dormientem veniunt invocatae? Tota res,
Vellei, nugatoria est. Vos autem non modo oculis imagines sed etiam
animis inculcatis; tanta est inpunitas garriendi. 109 At quam licenter!
'Fluentium frequenter transitio fit visionum, ut e multis una videatur.'
40   Puderet me dicere non intellegere si vos ipsi intellegeretis qui ista
defenditis. Quo modo enim probas continenter imagines ferri, aut si
continenter, quo modo aeternae? 'Innumerabilitas,' inquit, 'suppeditat
atomorum.' Num eadem ergo ista faciet ut sint omnia sempiterna?
Confugis ad aequilibritatem (sic enim ἰσονομίαν si placet, appellemus), et
45   ais, quoniam sit natura mortalis, inmortalem etiam esse oportere. Isto
modo, quoniam homines mortales sunt, sint aliqui inmortales, et quoniam
nascuntur in terra, nascantur in aqua. 'Et quia sunt quae interimant, sint
quae conservent.' Sint sane, sed ea conservent quae sunt; deos istos esse
non sentio. 110 Omnis tamen ista rerum effigies ex individuis quo modo

corporibus oritur? Quae etiam si essent, quae nulla sunt, pellere se ipsa et agitari inter se concursu fortasse possent, formare, figurare, colorare, animare non possent. Nullo igitur modo inmortalem deum efficitis.

Videamus nunc de beato. Sine virtute certe nullo modo; virtus autem actuosa; et deus vester nihil agens; expers virtutis igitur; ita ne beatus 5 quidem. **111** Quae ergo vita? 'Suppeditatio,' inquis, 'bonorum, nullo malorum interventu.' Quorum tandem bonorum? Voluptatum, credo, nempe ad corpus pertinentium; nullam enim novistis nisi profectam a corpore et redeuntem ad corpus animi voluptatem. Non arbitror te velle similem esse Epicureorum reliquorum, quos pudeat quarundam Epicuri 10 vocum, quibus ille testatur se ne intellegere quidem ullum bonum quod sit seiunctum a delicatis et obscenis voluptatibus; quas quidem non erubescens persequitur omnis nominatim. **112** Quem cibum igitur aut quas potiones aut quas vocum aut florum varietates aut quos tactus, quos odores adhibebis ad deos, ut eos perfundas voluptatibus? Ut poetae quidem nectar, 15 ambrosiam, epulas conparant et aut Iuventatem aut Ganymedem pocula ministrantem, tu autem, Epicure, quid facies? Neque enim unde habeat ista deus tuus video nec quo modo utatur. Locupletior igitur hominum natura ad beate vivendum est quam deorum, quod pluribus generibus fruitur voluptatum. **113** At has levioris ducis voluptates, quibus quasi titillatio 20 (Epicuri enim hoc verbum est) adhibetur sensibus. Quo usque ludis? Nam etiam Philo noster ferre non poterat aspernari Epicureos mollis et delicatas voluptates. Summa enim memoria pronuntiabat plurimas Epicuri sententias iis ipsis verbis quibus erant scriptae. Metrodori vero, qui est Epicuri collega sapientiae, multa inpudentiora recitabat; accusat enim 25 Timocratem fratrem suum Metrodorus, quod dubitet omnia quae ad beatam vitam pertineant ventre metiri, neque id semel dicit sed saepius. Adnuere te video, nota enim tibi sunt; proferrem libros si negares. Neque nunc reprehendo quod ad voluptatem omnia referantur (alia est ea quaestio), sed doceo deos vestros esse voluptatis expertes, ita vestro iudicio ne beatos 30 quidem. **114** 'At dolore vacant.' Satin est id ad illam abundantem bonis vitam beatissimam? 'Cogitat,' inquiunt, 'adsidue beatum esse se; habet enim nihil aliud quod agitet in mente.' Conprehende igitur animo et propone ante oculos deum nihil aliud in omni aeternitate nisi 'mihi pulchre est' et 'ego beatus sum' cogitantem. Nec tamen video quo modo non 35 vereatur iste deus beatus ne intereat, cum sine ulla intermissione pulsetur agiteturque atomorum incursione sempiterna, cumque ex ipso imagines semper afluant. Ita nec beatus est vester deus nec aeternus.

115 'At etiam de sanctitate, de pietate adversus deos libros scripsit Epicurus.' At quo modo in his loquitur? Ut <Ti.> Coruncanium aut P. 40 Scaevolam, pontifices maximos, te audire dicas, non eum qui sustulerit omnem funditus religionem nec manibus, ut Xerses, sed rationibus deorum inmortalium templa et aras everterit. Quid est enim cur deos ab hominibus colendos dicas, cum dei non modo homines non colant sed omnino nihil curent, nihil agant? **116** 'At est eorum eximia quaedam praestansque 45 natura, ut ea debeat ipsa per se ad se colendam elicere sapientem.' An quicquam eximium potest esse in ea natura, quae sua voluptate laetans nihil nec actura sit umquam neque agat neque egerit? Quae porro pietas ei debetur a quo nihil acceperis, aut quid omnino, cuius nullum meritum sit,

ei deberi potest? Est enim pietas iustitia adversum deos; cum quibus quid potest nobis esse iuris, cum homini nulla cum deo sit communitas? Sanctitas autem est scientia colendorum deorum; qui quam ob rem colendi sint non intellego, nullo nec accepto ab his nec sperato bono. **117** Quid
5   est autem quod deos veneremur propter admirationem eius naturae in qua egregium nihil videmus?

     Nam superstitione, quod gloriari soletis, facile est liberare, cum sustuleris omnem vim deorum. Nisi forte Diagoram aut Theodorum, qui omnino deos esse negabant, censes superstitiosos esse potuisse. Ego ne
10   Protagoram quidem, cui neutrum licuerit, nec esse deos nec non esse. Horum enim sententiae omnium non modo superstitionem tollunt, in qua inest timor inanis deorum, sed etiam religionem, quae deorum cultu pio continetur. **118** Quid ii qui dixerunt totam de dis inmortalibus opinionem fictam esse ab hominibus sapientibus rei publicae causa, ut quos ratio non
15   posset eos ad officium religio duceret, nonne omnem religionem funditus sustulerunt? Quid Prodicus Cius, qui ea quae prodessent hominum vitae deorum in numero habita esse dixit, quam tandem religionem reliquit? **119** Quid qui aut fortis aut claros aut potentis viros tradunt post mortem ad deos pervenisse, eosque esse ipsos quos nos colere, precari, venerarique
20   soleamus, nonne expertes sunt religionum omnium? Quae ratio maxime tractata ab Euhemero est, quem noster et interpretatus est et secutus praeter ceteros Ennius. Ab Euhemero autem et mortes et sepulturae demonstrantur deorum; utrum igitur hic confirmasse videtur religionem an penitus totam sustulisse? Omitto Eleusinem sanctam illam et augustam, 'ubi initiantur
25   gentes orarum ultimae'; praetereo Samothraciam eaque quae Lemni 'nocturno aditu occulta coluntur silvestribus saepibus densa'; quibus explicatis ad rationemque revocatis rerum magis natura cognoscitur quam deorum.

     120 Mihi quidem etiam Democritus, vir magnus in primis, cuius
30   fontibus Epicurus hortulos suos inrigavit, nutare videtur in natura deorum. Tum enim censet imagines divinitate praeditas inesse in universitate rerum, tum principia mentis quae sunt in eodem universo deos esse dicit, tum animantes imagines quae vel prodesse nobis solent vel nocere, tum ingentes quasdam imagines tantasque ut universum mundum conplectantur
35   extrinsecus. Quae quidem omnia sunt patria Democriti quam Democrito digniora. **121** Quis enim istas imagines conprehendere animo potest, quis admirari, quis aut cultu aut religione dignas iudicare?

     Epicurus vero ex animis hominum extraxit radicitus religionem, cum dis inmortalibus et opem et gratiam sustulit. Cum enim optimam et
40   praestantissumam naturam dei dicat esse, negat idem esse in deo gratiam; tollit id quod maxime proprium est optimae praestantissimaeque naturae. Quid enim melius aut quid praestantius bonitate et beneficentia? Qua cum carere deum vultis, neminem deo nec deum nec hominem carum, neminem ab eo amari, neminem diligi vultis. Ita fit ut non modo homines a deis sed
45   ipsi dei inter se ab aliis alii neglegantur. Quanto Stoici melius, qui a vobis reprehenduntur. Censent autem sapientes sapientibus etiam ignotis esse amicos; nihil est enim virtute amabilius, quam qui adeptus erit ubicumque erit gentium a nobis diligetur. **122** Vos autem quid mali datis, cum <in> inbecillitate gratificationem et benivolentiam ponitis. Ut enim

omittam vim et naturam deorum, ne homines quidem censetis, nisi
inbecilli essent, futuros beneficos et benignos fuisse? Nulla est caritas
naturalis inter bonos? Carum ipsum verbum est amoris, ex quo amicitiae
nomen est ductum; quam si ad fructum nostrum referemus, non ad illius
commoda quem diligemus, non erit ista amicitia sed mercatura quaedam   5
utilitatum suarum. Prata et arva et pecudum greges diliguntur isto modo,
quod fructus ex iis capiuntur, hominum caritas et amicitia gratuita est.
Quanto igitur magis deorum, qui nulla re egentes et inter se diligunt et
hominibus consulunt. Quod ni ita sit, quid veneramur, quid precamur
deos, cur sacris pontifices, cur auspiciis augures praesunt, quid optamus a   10
deis inmortalibus quid vovemus? 'At etiam liber est Epicuri de sanctitate.'
123 Ludimur ab homine non tam faceto quam ad scribendi licentiam
libero. Quae enim potest esse sanctitas si dii humana non curant, quae
autem animans natura nihil curans? Verius est igitur nimirum illud quod
familiaris omnium nostrum Posidonius disseruit in libro quinto de natura   15
deorum, nullos esse deos Epicuro videri, quaeque is de deis inmortalibus
dixerit invidiae detestandae gratia dixisse; neque enim tam desipiens fuisset
ut homunculi similem deum fingeret, liniamentis dumtaxat extremis non
habitu solido, membris hominis praeditum omnibus, usu membrorum ne
minimo quidem, exilem quendam atque perlucidum, nihil cuiquam   20
tribuentem, nihil gratificantem, omnino nihil curantem, nihil agentem.
Quae natura primum nulla esse potest, idque videns Epicurus re tollit,
oratione relinquit deos; **124** deinde si maxime talis est deus ut nulla gratia,
nulla hominum caritate teneatur, valeat—quid enim dicam 'propitius sit';
esse enim propitius potest nemini, quoniam, ut dicitis, omnis in   25
inbecillitate est et gratia et caritas.'

COMMENTARY

§1 1-2 **Cum** (+ subjunc.) ... **tum** (+ indic.): "While ... in particular."

2 **Brute**: Marcus Junius Brutus, the future assassin of Caesar.
quod: "a fact which"; introduces a parenthetical phrase.

3-4 **et ... et**: "both ... and."

3 **animi**: "soul." The rational human soul was considered divine, so understanding the nature of the gods aids our understanding of the soul. In this book C. tends to speak of *animus* rather than *anima* ("breath, vital principle, soul").

4 **religionem**: "attention to religious observances" (P.).

5 **sententiae**: "opinions."

5-6 **magno argumento**: "a strong piece of evidence"; dat. of purpose.

6 **debeat**: subjunc. in result clause (sc. *ut* before *magno*). The subject is the fact that there is so great a variety of opinions, etc.
<in>scientiam: "uncertainty." Angle brackets indicate text not found in manuscripts, but restored by editors.

7 **Academicos ... cohibuisse**: Academics, the members of the Academy, the school founded by Plato, in C.'s time were exponents of scepticism who withheld assent from propositions that are not certain.

9 **sapientis**: wise person or sage, the Stoic philosophical ideal.
gravitate ... constantia: abls. after *indignum*.
falsum sentire: "to have false opinions."

9-10 **quod ... cognitum**: Rel. clauses which depend on an infinitive (here, *defendere*) have vbs. in the subjunc. (G. 629).

10 **sine ... dubitatione**: Take with *defendere*.

§2 11 **Velut**: "Just as." C. passes from his general claim to the specific case under discussion; the disputed subject C. will first discuss is the existence of the gods.
quod: refers to *deos esse* (2.12).
veri simile: "probable, plausible." C. does not go so far as to say that the gods certainly exist.

11-12 **quo ... venimus**: "the view we arrive at"; *quo*, lit., "to which place."

12 **duce natura**: "with nature as our guide"; abl. abs. without a participle (classical Latin lacking a pple. of *sum*).
dubitare se: sc. *dixit* (or *putavit*) *deos esse*.
Protagoras: Protagoras of Abdera [ca. 490-428], a Sophist (professional educator) notorious for his agnostic assertion (paraphrased at 29.28-29) "Concerning the gods, I cannot know either they they are or that they are not, nor what they are like in appearance, for many things prohibit knowledge: the obscurity of the question and the brevity of human life."

13 **nullos esse**: sc. *deos.*

Diagoras ... Theodorus: Diagoras of Melos [fifth century B.C.], a famous atheist, said to have fled Athens when condemned to death for impiety. Theodorus of Cyrene (a Greek city in north Africa) [born ca. 340 B.C.], one of the Cyrenaic School of philosophers and an atheist, also left Athens because of his religious and moral views.

16   **de actione vitae:** "their manner of life"; from the phrase *vitam agere.*

17   **certatur:** "it is disputed"; impersonal use of the vb.

      quod: "[regarding] the subject which"; explicated by *utrum ... an ... moveantur* (2.18-20).

      rem causamque: "the matter which is grounds of dispute." *causam* explains *rem.*

18-19   **utrum ... an:** "[the question] whether ... or"; alternative indirect question.

18-19   **agant ... moliantur ... vacent:** asyndeton (omission of conjunctions). Contrast *et ... et ... et* (polysyndeton) at 2.19-20.

19   **contra:** "to the contrary."

      principio: "beginning."

20   **ad:** "until."

      atque: "and also." *atque* emphasizes the following word or idea.

      in primis: "in the first place, especially"; introduces the first of two main clauses in the sentence (*in primis ... dissensio est*).

21   **errore:** "uncertainty."

22   **versari:** "to dwell."

§3   23   **nullam:** emphatic. Take with *procurationem,* "care for"; obj. of *habere.*

      censerent: subjunc. in a relative clause of characteristic.

      rerum: objective gen. with *procurationem.*

25   **pietas ... sanctitas:** defined in ch. 1.16.

      Haec: neut. pl. pron. whose antecedents are *pietas, sanctitas,* and *religio.*

26-27   **tribuenda ... tributum:** < *tribuo,* "bestow upon." "The reciprocal expression, emphasizing the conceptual relation between gods and men, should be noted" (P.).

26   **numini:** "divine power, majesty."

      ita ... si: "only if."

      animadvertuntur: sc. *homines* as subj.

27   **sin:** "but if."

29   **est quod:** "is there anything which."

30   **cultus honores preces:** compare *pietas ... sanctitas ... religio* (3.25).

30-31   **specie ... fictae simulationis:** "feigned appearance of pretence"; *fictae* goes grammatically with *simulationis,* logically with *specie.* This figure of speech, "transferred epithet," is called hypallage.

32   **qua:** antecedent is *pietas.*

      quibus sublatis: abl. abs.

§ 4   33   **haut** = haud.

33-34   **pietate ... sublata:** abl. abs.

34-35   **fides ... societas ... iustitia:** All depend on *pietas* in different ways. Oaths (*fides*) are sworn by the gods, human society is based on religion, and appropriate behavior towards gods as well as humans was thought characteristic of justice.

35   **excellentissuma:** old form of the superl. ending.

tollatur: sing. vb. with three subjs.

alii philosophi: These include the Stoics whom C. admired although himself an Academic.

36   **mente atque ratione:** virtually redundant. Similarly *administrari et regi* (4.37), *consuli et provideri* (4.38).

37   **mundum:** "universe."

id solum: "only that." *id* refers to *deorum ... regi*.

38   **isdem:** i.e., the gods.

consuli et provideri: pres. pass. infins. used impersonally with dat.

39   **pariat:** < *pario*, "bring forth"; subjunc. in subord. clause in ind. disc.

tempestates ... temporum: "weather ... seasons."

41   **in his libris:** esp. bk. 2, ch. 154-162.

42   **fabricati:** sc. *esse*; take with *videantur*, "seem to have invented."

43   **Carneades:** Academic sceptic [second century B.C.], who attacked the Stoics.

44   **socordes:** "stupid."

veri investigandi: "of investigating the truth"; gerundive construction. Objective gen. with *cupiditatem*.

§ 5   45   **tantopere:** "so much."

46-47   **alterum ... alterum:** "on the one hand ... on the other."

47   **earum nulla:** sc. *vera sit* from 5.6.

plus una: "more than one."

48-49   **obiurgatores ... vituperatores:** "blamers ... censurers." The words are practically identical in meaning; the contrast is made by the adjs.

49   **alteros ... alteri:** "the latter ... the former."

§ 6   2   **Multum ... fluxisse:** "A rumor has spread widely." *Multum* goes with *variumque sermonem.*

3   **compluris:** acc. pl., modifying *quos*.

brevi tempore: C. published (*edidimus*) at least thirty-five philosophical "books," including the three books of *De Natura Deorum*, between Feb. 45 and Dec. 43.

4   **admirantium:** "people who wonder"; governs indirect question, as does *cupientium* below.

5   **certi:** partitive gen. with *quid*, "what certainty."

6   **sensi:** < *sentio*.

probatam: "pleasing."

7   **quasi:** "so to speak."

7-8	**desertae ... relictae**: "abandoned ... neglected philosophical system"; objective gen. with *patrocinium,* "defence, patronage."
11	**videbamur**: sc. *philosophari.*
	quod: "a fact which"; refers to the idea expressed in the preceding clause.
14	**Diodotus**: a Stoic teacher of C.'s boyhood.
	Philo: Philo of Larissa, head of the Academy who fled to Rome in 88 B.C. and while there taught the young C.
	Antiochus: Antiochus of Ascalon, a pupil of Philo's in Athens and his successor as head of the Academy. He was C.'s teacher in Athens in 79 B.C. and died ca. 68 B.C.
	Posidonius: Posidonius of Apamea, a Stoic teacher of C. in Rhodes in 77 B.C.
	instituti: < *instituo,* "educate."

§7	15	**omnia ... ad vitam**: a characteristically Roman view of the essentially practical nature of philosophy.
		nos: acc. subj. of ind. disc.
	16	**praestitisse**: < *praesto,* "exhibit, manifest."
	17	**quis**: After *si, nisi, num* and *ne,* the indef. pron. is *quis* instead of *aliquis.*
	17-18	**tam sero**: "so late"; the focus of the question.
	18	**expedire**: "explain."
		facile: adv.
	19	**otio**: "idleness."
		unius: i.e., Julius Caesar. C. complains that Caesar's dictatorship left no room for others in public life.
	20	**gubernari**: "steer"; metaphorical use.
		primum: The second reason begins in ch. 9.
		ipsius r.p.: gen. with *causa,* "for the sake of."
	21	**nostris hominibus**: i.e., Romans.
	21-22	**magni ... interesse**: "that it was of great importance." *magni* is gen. of value.
	23	**Latinis ... litteris**: C. boasts of his work in rendering Greek philosophy into Latin, which is indeed one of his principal intellectual achievements.

§8	23	**Eo ... minus**: "All the less."
	23-24	**mei paenitet**: "I repent of"; + gen.
	24	**quam multorum**: "of how many people"; with *studia.*
	25	**commoverim**: "excite, inspire."
	27	**Latine**: "in Latin."
		genere: "matter."
	28	**tantum profecisse**: "to have made so much progress."
		ne ... quidem: "not even."
		verborum ... copia: "size of vocabulary." One of C.'s goals was to create an adequate Latin philosophical vocabulary.

§9   29   **animi aegritudo**: "grief."
         30   **fortunae**: Take with *iniuria* (abl.). C. refers to the death of his
                daughter Tullia in Feb. 45 B.C.
                magna ... gravi: abl. with *iniuria*.
                commota: nom., not abl., to link *fortunae ... iniuria* to the rest of
                the clause; goes grammatically with *aegritudo*, logically with *animi*.
                Another example of hypallage.
                cuius: objective gen. after *levationem*; antecedent is *aegritudo animi*.
                maiorem: "more effective."
         31   **reperiri potuissem**: "I had been able to discover"; protasis of a past
                contrary to fact condition.
                hanc: sc. *levationem*, "relief."
       31-32   **Ea ... ipsa**: abl. object of *frui*; refers to *levationem*.
         32   **nulla ratione**: "in no way."
       32-33   **melius ... quam si ... dedissem**: "better than by dedicating."
         34   **facillume**: superl. adv. of *facilis*.
         35   **quaestiones**: here, "subjects," i.e., areas of philosophy, perhaps
                identical with the *partes atque membra philosophiae* mentioned at 9.34.
                explicantur: "are treated."
         36   **continuatio ... nexa**: Epicureanism and Stoicism were closely
                knit systems which coherently accounted for diverse aspects of the
                world so that each area of their thought supported and was supported by
                the others. "*Continuatio* suggests the impossibility of sharply
                separating the different parts of the subject, while *series* emphasizes
                their sequential, and *alia ex alia* their reciprocal, relationships" (P.).

§10 37   **Qui** etc.: alliteration.
                ipsi: nom. pl. masc., i.e., C. himself.
         38   **curiosius**: adv.
         39   **momenta**: "weight," (neut. nom. pl.), subj. of *querenda sunt*; goes
                with both *auctoritatis* and *rationis*, as does *in disputando*.
                obest: "harm, hinder"; + dat. Subj. is *auctoritas* (10.40).
         41   **desinunt**: subj. is *qui discere volunt*.
                ratum: "fixed, sure."
         42   **probant**: "approve of."
                iudicatum: "decided, determined."
                de: "about."
         43   **ferunt**: "they say"; + acc. (*quos*) and infin. (*solitos* (10.44), sc. *esse*).
                adfirmarent: "affirm, claim"; subj. is *Pythagorei*.
         44   **quaereretur**: impersonal.
                quare ita esset: "why it was so"; i.e., what were the grounds for
                their assertion.
         45   **tantum ... poterat**: "had so much power."

§11 46-47 **Qui ... secutos**: "As to those who ..."; sc. *esse* with *secutos*.
                Antecedent is *his* (11.47).
         46   **admirantur**: "be surprised."

47　**Academicis libris**: C.'s work usually known as the *Academica*, composed in 45 B.C., only parts of which survive.

47-48　**satis responsum** (sc. *esse*) **videtur**: "I believe I have responded adequately ...." *responsum* is impersonal, lit., "it has been responded."

49　**lucem**: "light," here, "help."
auctoris: "one who creates something or who promotes its increase and prosperity," here, "proponent, supporter."

1-2　**haec ... iudicandi**: The Academy's sceptical method (*ratio*), of which C. approves, involved arguing both for and against philosophical theses (see below, 11.7-8) and avoiding dogmatic assertions (*nullam ... iudicandi*).

2-3　**profecta ... Carneade**: In an effective tricolon C. traces this philosophical method back to Socrates (469-399 B.C.), Arcesilas of Pitane (ca. 316-241 B.C.) who revived the Socratic method of refuting the views of others and who instituted the period of the Academy known as the Middle Academy, and Carneades (see on 4.15).

4　**orbam**: < *orbus*, "orphaned"; metaphorically applied to Academic scepticism which had no adherents in Greece after Philo's death, ca. 86 B.C.

5　**tarditate**: "stupidity."
contigisse: "befall, occur."

6　**percipere**: "understand, grasp clearly."
omnis: acc. pl.; sc. *disciplinas*.

7　**propositum**: "plan" (n.).
veri ... causa: "in order to discover the truth."

8　**pro omnibus**: sc. *philosophis*.

§12　8　**Cuius ... difficilis**: gen. with *facultatem*, "skill at."

9　**consecutum ... secutum**: "attained ... pursued."
secutum esse: sc. *me* as subj.
prae me fero: "boast."

10　**hi**: picks up *qui*. Latin uses pronouns to make the reference explicit even when English does not find them necessary.

10-11　**nihil ... quod sequantur**: "no principle of life to conform to."

11　**alio loco**: abl. of place where. C. refers to the *Academica*.

12　**indociles**: "ineducable, difficult to teach."
admonendi videntur: "it seems that they need to be reminded."

13-15　**omnibus ... nota**: the Sceptical view that truth and falsity are easily confused, there being no sure mark or sign (*nota*) to distinguish the one from the other.

15　**Ex ... illud**: "A consequence of this view is the following."

16　**probabilia**: "plausible."

16-17　**perciperentur ... haberent ... regeretur**: subjuncs. in subord. clauses in ind. disc.; *perciperentur* = "be perceived as true."

16　**visum**: "appearance."

17　**his**: antecedent is *multa probabilia*.

§13　18　**invidia**: abl. of separation after *liberem*.

19   **Quo ... loco**: sc. *in*.
        omnes: the general public.
20   **qui ... iudicent**: relative purpose clause.
        procax: "bold, presumptuous." Academic scepticism would go too
        far if it refused assent to universally held or true views
22   **Synephebis**: the name of a play by Caecilius [early second century
        B.C.].
23   **pro**: "oh!"; + gen.
        deum: gen. pl. (= *deorum*).
        popularium: "citizens."
25   **ut**: "as."
        ille: the character speaking in the play.
26   **'ab ... vult'**: the lover's predicament in the play is *levissuma* in
        comparison with the all-important topics which C. announces (14.27-
        30) as the subject of his treatise.

§14   29   **quibus ... praesumus**: C. became an augur in 53 B.C.
      31   **Profecto**: "Truly."
      32   **addubitare**: "incline to doubt."

§15   34   **Quod**: "This subject."
              alias: "on other occasions."
              apud: "at the house of."
      34-35 **C. Cottam**: Gaius Aurelius Cotta, a distinguished lawyer, consul in
              75 B.C., about fifteen years older than C. and C.'s political ally. In
              the dialogue he represents the Academy.
      35   **familiarem**: "friend" (not necessarily a member of one's family).
      36   **disputatum est**: impersonal use of vb.
              feriis Latinis: a festival of Jupiter as god of the Latin League,
              celebrated annually on Mt. Alba, often in late Spring or early Summer.
      37   **exedra**: "sitting room"; room in a private house used for discussions.
              C. Velleio: In the dialogue he represents the Epicureans. Virtually
              nothing is known of his life apart from what we are told in this book.
      38   **primas**: sc. *partes*, "the star role."
              ex nostris hominibus: i.e., Romans; take with *quem. ex*, "from
              among."
      39   **Q. Lucilius Balbus**: the spokesman of the Stoics. C. calls him a
              leading advocate of Stoicism, but nothing else is known about him
              apart from what we learn in this book.
              progressus: "advancement"; a play on the technical Stoic meaning
              of moral progress.
      40   **in Stoicis**: "in Stoic matters"; i.e., in Stoic philosophy.
      42   **cui**: refers to *altercatio*.
              pro tuo studio: "in view of your interest."
              alienum: "inappropriate."
      43   **interesse**: "to attend"; + dat.

§16 45   **M. ... Piso**: Marcus Pupius Piso Frugi (cos. 61 B.C.), politician and orator, an older contemporary of C. In the *De Finibus* he speaks for the Peripatetic School (founded by Aristotle).

46   **earum**: sc. *philosophiarum*.
        quidem: "at least"; concessive use.

48   **Antiochi**: See on 6.14.

48-49 **hunc Balbum**: "Balbus here."

49   **nihil est quod**: "there is no reason why"; + subjunc.

1   **Antiocho**: dat. with *videntur*.

1-2   **concinere ... discrepare**: "agree ... disagree," lit., "sing in harmony ... sing out of harmony." Antiochus argued that the Stoic and Peripatetic doctrines are consistent even though they are expressed in apparently conflicting ways.

3   **Egone**: The ending *-ne* indicates surprise at being asked a question.

4   **interesse**: "there is a difference."
        honesta: morally good things.
        commodis: "advantageous"; morally neutral things which nevertheless are preferable to their opposites. Typical examples are wealth and health. The Stoics distinguished *honesta* sharply from *commoda*; the Peripatetics said that the difference between them is only in degree, not in kind.

7   **verborum ... rerum**: denial of the claim at 16.1-2.

§17 8   **Verum**: "But."
        hoc: sc. *disseremus*; also with *quid coepimus*.
        si videtur: "if it seems a good idea."

9-10 **ut ... ne**: introduces a purpose clause (G.545, r.3).

9   **intervenit**: "come in during, interrupt."

11   **Epicuri**: gen. with *sententiam*.

12   **sciscitabar**: "inquire, examine." The construction is *s. ex aliquo aliquid*, "to inquire about something from someone."
        nisi ... est: "if it is not too much trouble"; a formula used in a polite request.

14   **adiutor**: "assistant, partisan, supporter."

16   **viderit**: "let him see to ..."; perf. subjunc. (hortatory).
        nolo: + subjunc. has the force of negative imperative.

17-18 **libero iudicio**: Academics took pride in their freedom to decide their own views, unlike Epicureans and Stoics, who were bound by the doctrines of their schools.

18-19 **ut ... sententia**: specifies *eius modi*, "of such a sort that."

18   **velim nolim**: "whether I like it or not, willy-nilly."

19   **tuenda**: "maintain, support, stick to."

§18 20   Velleius attacks rival views (ch. 18-43), then sets out Epicurus' theories (ch. 43-56), which Cotta criticizes in the remainder of book I. C. introduces Velleius' speech with a good deal of wit which reveals C.'s lack of sympathy with the style as well as the ideas of Epicureanism.

isti: the Epicureans. Confidence in their own views and abuse of others is characteristic of Epicurean authors.

21   **ne ... videretur**: clause of fearing, governed by *verens*.
        dubitare: "be in doubt."

22   **intermundiis**: According to Epicurus, there are an infinite number of *mundi*, "worlds," distributed randomly through infinite space. The gods live in the *intermundia*, or regions in between the *mundi*.
        futtilis: "vain, worthless."

23   **commenticiasque**: "imaginary, fabricated."
        opificem: "craftsman."

24   **Platonis de Timaeo**: *Platonis* is possessive gen. with *deum*. The *Timaeus* presents the idea of god as a craftsman who constructed the world. C. translated this dialogue into Latin.
        anum fatidicam: "old woman who tells fortunes."
        Pronoeam: transliteration of the Greek word which C. translates into Latin as *providentia*, "providence." (*licet ... dicere* (18.25) is a sign that C. is here coining the word.) The Stoics believed that all events are fated and known in advance by god.

25-26   **mundum ... praeditum**: Many Greek philosophers believed in an animate and sentient world.

26   **rutundum = rotundum**, "round" (either circular or spherical).
        volubilem: "revolving." Velleius refers to theories representing the world as divine, here the geocentric world, with the heavenly bodies revolving round the earth.
        deum: in apposition with *mundum*; modified by *rutundum ... volubilem*.

27   **non disserentium ... sed somniantium**:   Velleius' invective reaches the point of denying his opponents the title of philosophers.

§19 28   **vester**: an allusion to the connection between Plato, as founder of the Academy, and Cotta and C., who represent Academic philosophy.
          fabricam: "art, skill," or possibly "workshop."

30   **ferramenta**: "iron tools."
          vectes: "levers."

31-32   **aer ... terra**: note the asyndeton.

32   **ortae**: sc. *sunt*.
          quinque formae: Plato identified four regular solids (tetrahedron, cube, octahedron, icosahedron) as the shapes of the four elements (fire, earth, air, and water, respectively) and the fifth (the dodecahedron) as the shape of the universe.

33   **apte cadentes**: "occurring in a way suitable."

33-34   **ad ... sensus**: "for affecting the mind and producing sensations."

34   **Longum est**: sc. *dicere*.
          ad: "against."

§20 35   **palmaris**: "that which takes the prize"; sc. *sententia*.
          quod: "the fact that."

36   **introduxerit**: subjunc. in a relative clause of characteristic, here with concessive force, "although he maintained."

dixerit: attracted to the mood of *introduxerit*; we would expect *dixit*.

37   **primis ... labris**: "with the tips of his lips."

38   **physiologiam**: Greek word for natural philosophy, the study of nature.

38-39 **quicquam ... posse**: The view is widespread in Greek philosophy that everything with a beginning (*principium*) has an end (*extremum*).

39   **aeternum**: used as equivalent to *sempiternum* (20.37).

coagmentatio: "union."

41   **Lucili**: He represents the Stoics; see on 15.39. Construe *si vestra Pronoea est eadem*; sc. *ac Platonis deus*.

quae ... ante: sc. *requirebam*. The reference is to 19.28-30.

42   **dissignationem**: "arrangement."

alia: sc. *ac Pronoea Lucili*.

Before **cur** sc. *requiro*.

§21 45 **saecla**: acc. of duration of time.

dormierint: here, "were inactive."

non: "it is not true that ..."; governs the whole clause *si ... erant*.

46   **saecla**: "time."

47   **numero**: abl. of time within which.

annuis ... cursibus: abl. of means. C. refers to the fact that units of time were based on astronomical phenomena.

49   **circumscriptio temporum**: "limit of time", i.e., *unit* of time.

spatio: "in extent"; abl. of specification with *qualis*.

1   **ea**: antecedent is *aeternitas*.

quod: "because."

ne ... cadit: "it is inconceivable."

1-2   **ut fuerit**: "that there could have been"; subjunc. in a consecutive clause after *in cognitione cadit*, specifying the contents of the inconceivable thought (G.557).

2   **nullum**: goes with the second *tempus*.

§22 3   **spatio**: "interval"; abl. of time within which.

cessaverit: "was inactive"; compare *dormierint* (21.45).

4   **iste**: sc. *labor*; also with *ullus*.

omnes naturae: the four elements.

6   **signis et luminibus**: "constellations and stars."

aedilis: Aediles were responsible for setting up statues (*signa*) in public and illuminating public buildings.

7   **Si**: sc. *concupisceret deus ... ornare*.

ut ... habitaret: purpose clause.

8   **gurgustio**: "hovel."

varietatene: the interrogative particle *-ne* is added to the emphatic word in the question.

10   **esset**: sc. *oblectatio*; subj. of *potuisset* is *deus*.

ea: abl. object of *carere*.

§23 11   **fere**: "generally, usually."

12   **Sapientiumne**: sc. *causa*, also with *stultorum* (23.13). The early Stoics divided humans into two classes, the wise and fools; very few were deemed wise.

13   **causa non fuit**: "there was no reason."

de ... mereretur: "he should behave well towards wicked people."

14-16 **deinde ... deinde**: the first *deinde* correlates with *primum*, the second with *maxime*.

17   **commodorum conpensatione**: "by balancing preferred things against them." See on 16.4.

19   **natura**: subject of *posset*, vb. of indirect question introduced by *in quam figuram*. *natura animi = animus*.

figuram: "form." Only certain kinds of bodies can be endowed with minds.

20   **paulo post**: ch. 46-48.

§24 20-21 **Nunc autem hactenus**: "So much for this"; a formula of transition common in C.

22   **rutundum**: the only pred. adj. in the clause.

neget: subjunc. in a clause giving someone else's reason for belief (G.541). The reference is to Plato, *Timaeus* 40A.

ullam: sc. *formam*.

23   **cylindri ... pyramidis**: sc. *forma*.

26   **insistere**: "find a place to stand."

Quodque: "And what"; correlative with *hoc* (24.27).

27   **si ... significetur**: "if it appears in the least amount."

sit: potential subjunc. Also *habeatur* (24.28).

29   **inhabitabilis**: "uninhabitable."

30   **exarserit**: subjunc. in subord. clause in ind. disc. Also *obriguerit*.

§25 34   **haec**: "these theories."

vestra: i.e., Stoic; sc. *sunt*.

35   *** marks a lacuna (gap). Some of the original has disappeared (it is uncertain how much). Plasberg (1911 edn., Leipzig) suggests that the missing words are *vetera sint, quorum unum quidque longissime remotum a vero*. The sentence marks the transition from the attack on Stoic theology (*vestra, Lucili*) to the survey of the views of twenty-seven Greek philosophers on the existence and nature of the gods (ch. 25-41).

36   **ab ultimo**: "beginning with the most remote." Thales was regarded by the ancients as the first philosopher.

superiorum: "older."

Thales ... Milesius: Thales of Miletus, identified as the first thinker in the "Presocratic" tradition of Greek philosophy, was active in the early sixth century B.C.

37   **initium**: "principle, starting point."

deum: sc. *esse*.

38-39 **si ... corpore:** Velleius objects to Thales' views. Velleius faults many philosophers for having a god which lacks sensation. He holds that god is supremely happy and that happiness requires sensation, and he takes it for granted that only beings with bodies can have sensation. To Thales he attributes the opposite views, that god can exist without sensation and that mind can be found without a·body, and he further objects to Thales' having associated immaterial mind with the material substance water. It is unlikely that Thales explicitly held any of these views.

40 **Anaximandri:** Anaximander of Miletus, Thales' successor in philosophy, was active in the first half of the sixth century B.C.
nativos: "created."

40-41 **orientis occidentisque:** "arising and perishing"; acc. pl.

41 **eosque ... mundos:** Velleius alone among ancient sources attributes to Anaximander the belief that the gods are worlds.

42 **qui:** "how."

§26 42 **Post:** "Afterwards."
Anaximenes: Anaximenes of Miletus, pupil and successor of Anaximander, probably active in the third quarter of the sixth century B.C.

44-46 **quasi aut ... aut ... consequatur:** Velleius' two objections (that air has no shape and that anything generated is subject to destruction) are introduced by *aut ... aut. quasi* governs the subjunc. in both clauses.

46 **Anaxagoras:** Anaxagoras of Clazomenae [ca. 500-428 B.C.]. C. suggests that he was Anaximenes' pupil, but he was probably born after Anaximenes' death. It is reasonable to say, however, that he took up the Milesian tradition of philosophy from where Anaximenes had left it.

47 **discriptionem:** "distribution, assignment."
mentis: with *vi*.

48 **vi ac ratione:** "rational force"; hendiadys.
dissignari: "marked out."
In quo: "In which matter, concerning which."

48-49 **non ... neque ... neque:** "he did not see that neither ... nor."
48 **vidit:** subj. is *Anaxagoras*.
49 **sensu:** abl. with *iunctum*, "connected with."
continentem: "continuous."
infinito: "belong to what is infinite"; dat. of possession with *esse*.
ullum: with *motum*.

1 **sensum omnino:** sc. *esse posse*.
quo non = quin, "unless."
ipsa natura: periphrasis for "the creature with sensation."
pulsa: "struck." Sensation occurs when a percipient creature is struck from without by the appropriate kind of impulse.

3 **Cingatur:** potential subjunc.

§27   4   **quod ... non placet:** For Anaxagoras, mind is not mixed with any other kind of matter, or "body."
             aperta simplexque: "plain and simple."
      5   **vim et notionem:** hendiadys for *vim noscendi.*
      6   **Crotoniates ... Alcmaeo:** Nom.; Alcmeon of Croton, a physician and natural philosopher reputed to have been the pupil of Pythagoras.
      8   **Nam:** "Further"; used in this sense to introduce elements in a series; also at 28.18, etc.
             Pythagoras: Pythagoras of Samos, a sixth century B.C. religious and philosophical figure who moved to Croton in southern Italy, where he and his followers established an organization, "the Pythagorean brotherhood," which gained political influence. He believed in the soul's immortality and its reincarnation in a succession of living beings, and founded a way of life aimed at improving the soul.
      9   **naturam ... omnem:** "the whole nature of things"; i.e., the whole universe.
             intentum: "stretched."
             commeantem: "passing to and fro"; an illusion to the doctrine of transmigration.
      10   **carperentur:** "are fragments," lit., "are plucked, are derived." The universal soul is split into fragments, and each person's soul is one of these fragments.
             distractione: "separation."

§28   14   **infixus ... infusus:** "implanted" (like a solid) ... "poured" (like a liquid). Velleius points to more difficulties in matching an immaterial god to the material universe.
      15   **Xenophanes:** Xenophanes of Colophon [ca. 571-475 B.C.] attacked the Olympian religion's anthropomorphic polytheism, declaring that there is only one god, which is unlike humans and controls all things by thought. Velleius interprets him as believing that god is the entire universe (*omne*), endowed with intelligence (*mente adiuncta*).
             praeterea: goes with *mente adiuncta* to emphasize the all-inclusiveness of the *omne*, which contains both matter and mind.
             quod ... infinitum: Though it is unlikely that Xenophanes believed in an infinitely large universe, Velleius, as an Epicurean, held that the universe consists of an infinite amount of empty space ("void") in which moved an infinite number of atoms.
      16   **ceteri:** Velleius has already objected to Thales (25.37-39) and Anaxagoras (26.47-27.6) for conceiving of god as a mind.
      16-17 **de^2 ... vehementius:** sc. *reprehendetur.* Velleius has objected to Anaximenes (26.43-44) and Anaxagoras (26.47-49) for conceiving of god as infinite. Here he criticizes Xenophanes on the same grounds as before (28.17 *sentiens*, compare 26.49 *sensu iunctum*) and adds a new charge (28.17 *coniunctum*), that nothing can be added to what is infinite.
      18   **Parmenides:** Parmenides of Elea [born ca. 515 B.C. and active in the first half of the fifth century], founder of the Eleatic school of

philosophy. The doctrines of Parmenides to which Velleius refers are taken from the second part of Parmenides' philosophical poem, which contains an account of the world like other Presocratic accounts. In the first part Parmenides sets out the distinctive Eleatic views that (despite appearances) reality consists of a single thing which is motionless, unchanging, and eternal.

commenticium: "fabricated, imagined"; sc. *dixit*.

19   στεφάνην: Greek word for crown or wreath.

continentem: "uninterrupted."

ardorum lucis: "of the brightness of light," i.e., "of bright light."

21   **eiusdem**: Parmenides.

monstra: "invented creatures"; sc. *sunt*.

quippe qui: "since he"; + subjunc.

22   **ad deum revocet**: "refers to divinity"; i.e., he identifies Bellum, etc. as gods.

23   **eademque**: sc. *dicit*.

24   **alio**: Alcmeon (see 27.6-8).

§29 25   **Empedocles**: Empedocles of Acragas (in Sicily) [ca. 490-420 B.C.] was the first to base a physical theory on the four elements fire, air, water, and earth.

alia: internal acc., obj. of *peccans*, "making mistakes."

26   **naturas**: "elements."

27   **quas ... perspicuum**: The Epicureans held that fire, air, etc. are impermanent compounds of atoms, but Empedocles asserted that they are eternal.

28   **Protagoras**: See on 2.12.

habere quod liqueat: "possessed any clear knowledge," lit., "had what was clear"; subjunc. in subord. clause in ind. disc.

29   **sint ... qualesve sint**: alternative indirect questions introduced by *quod liqueat*.

suspicari: "believe, conjecture"; obj. is *quicquam*.

30   **Democritus**: Democritus of Abdera [ca. 460-370 B.C.], Epicurus' principal predecessor as an atomist. Epicureans stressed the differences between his views and those of Epicurus, to give greater credit to the latter.

30-31   **tum ... tum ... tum**: "sometimes ... sometimes ... sometimes."

30   **imagines eorumque circumitus**: lit., "films of atoms and their movings about"; probably hendiadys for *imagines circumeuntes*, "films of atoms moving about." For Democritus, perception was caused by the interaction of the sense organs with films of atoms (*imagines*) streaming from objects and having the outlines of those objects. *Imagines* is fem., so the gender of *eorum* is probably due to the gender (neuter) of the Greek word (εἴδωλα) which C. translates here as *imagines*.

30-31   **in ... refert**: "reckons among the gods." This phrase has as objects (1) *imagines, circumitus*, (2) *naturam*, (3) *sententiam, intelligentiam*.

32   **sententiam intellegentiamque**:   "sensation and intelligence";
more precisely, the sensing and intelligent mind.

33   **quia ... maneat**: subjunc. because the clause expresses the view of
someone (Democritus) other than the speaker (Velleius).

34-35 **nullam ... reliquam faciat**: "leaves no room for."

35   **Diogenes Apolloniates**: Diogenes of Apollonia [fifth century
B.C.] believed that all things are made of air, which is divine.

§30 36   **Iam**: "At this point."

37   **inconstantia**: "inconsistency."

38   **Legum ... libris**: the *Laws*, Plato's last and longest work.
quid sit ... deus: "the question what god is"; subject of *anquiri*,
"investigate."
omnino: with *anquiri*.

40   **ἀσώματον**: Greek for "bodiless, incorporeal."
id: "that thing" (which Plato identifies as god).

41   **careat**: subjunc. after *necesse est.*

44   **eos**: sc. *deos.*
maiorum: "ancestors."
institutis: "traditions, practices."

§31 45   **Xenophon**: Xenophon of Athens [ca. 427-354 B.C.], a follower of
Socrates and author of the *Memorabilia* (*in his ... rettulit* (31.46-47)),
which purports to record some of Socrates' conversations.

47   **disputantem**: "arguing"; governs the ind. disc. that follows.

48   **modo ... tum**:   "sometimes ... sometimes."   This combination
appears frequently in Velleius' speech.

49   **quae ... ea**: construe *quae sunt in fere isdem erratis [in] quibus [sunt]
ea ...*
sunt ... erratis: "involve the same errors."

§32 1   **Antisthenes**: Antisthenes of Athens [ca. 445-360 B.C.], a follower
of Socrates and the founder of Cynicism.
Physicus: This name could be either an adjective, "Physical," (sc.
Treatise) or a noun, "The Physicist," or Natural Philosopher, i.e.,
scientist.

1-2   **popularis ... naturalem**: "of popular belief ... in nature."
Antisthenes identified his single god as the creator and ruler of the
universe.

3   **Speusippus**: Speusippus of Athens [ca. 407-339 B.C.], Plato's
nephew and successor as head of the Academy.
vim quandam: sc. *deum esse.*

4   **animalem**: "alive."

§33 5   **Aristotelesque**: Aristotle of Stagira [384-322 B.C.], Plato's pupil
at Athens, founder of the Lyceum or Peripatetic School.
de philosophia: a lost work which contained three books, the last
containing Aristotle's own views.

6	**multa turbat**: "causes much confusion."

6   **multa turbat**: "causes much confusion."

7-8   **alium quendam**: sc. *deum*.

8   **partis**: "role"; acc. pl.

8-9   **ut ... tueatur**: substantive clause of purpose with *partis tribuit*.

8   **replicatione**: "contrary rotation"; refers to the motion of the sun through the zodiac, but C. is unclear on Aristotle's cosmic system.

9   **caeli ardorem**: "warmth of the heaven," i.e., the ether (see 37.1), Aristotle's fifth element out of which the heavenly bodies are composed.

11   **sensus**: "consciousness."

12   **illi tot dii**: presumably the numerous gods of popular belief, who resided in the heavens.

14   **porro**: "besides."

     moveri: governed by *potest* (33.15).

§34   **16**   **Xenocrates**: Xenocrates of Chalcedon [fourth century B.C.], a pupil of Plato and, as Speusippus' successor, head of the Academy 339-314 B.C.

18   **in stellis vagis**: "among the planets"; similarly *errantibus stellis* (34.23). (Planets appear to move or "wander" against the background of the fixed stars.) Since the most distant planet visible to the naked eye is Saturn, antiquity counted five planets (Earth was not considered a planet since it was fixed at the center).

     ex: "composed of"; also in 34.19.

19   **sint**: subjunc. in subord. clause in ind. disc. Also *sit* (34.20).

21   **qui**: refers to Xenocrates' eight gods together. Translate "they"; subject of the indirect question introduced by *intellegi non potest*.

     quo: interrogative.

22   **Ponticus Heraclides**: Heraclides of Pontus [fourth century B.C.], a student of Plato.

     refersit: < *refercio*, "stuff full."

23   **mundum**: sc. *divinum esse*, i.e., *deum esse*.

25   **refert in**: "counts among"; + acc. (not abl. because of the idea of motion in *fero* and its compounds).

§35   **26**   **Theophrasti**: Theophrastus of Eresus (on Lesbos) [ca. 370-287 B.C.], pupil of Aristotle and his successor as head of the Peripatetics.

27   **principatum**: "ruling power, principle."

28   **Strato**: Strato of Lampsacus, pupil and successor of Theophrastus as head of the Peripatetics ca. 287-269 B.C.

     physicus: See on 32.1.

§36   **30**   **Zeno**: Zeno of Citium (on Cyprus) [333-262 B.C.], founder of Stoicism.

32   **vim obtinere**: "has power."

     imperantem prohibentemque: modify *vim* and specify in what the power consists. Translate "of commanding and of prohibiting."

33   **animantem**: "alive"; pred. adj. after *efficiat*, "makes [it] alive."

35   **si:** "as if, supposing that"; introduces a condition (which Velleius regards as impossible and absurd) that must be fulfilled in order for Zeno's view that *aether* is a god to be true.

36   **occurrit:** "meets, presents itself."

37   **rationem:** "rational principle, reason"; translation of the Greek λόγος.

        pertinentem: "extending."

38   **adfectam:** "endowed."

39   **annorumque mutationibus:** "seasons."

40   **originem deorum:** C. translates the title of Hesiod's [eighth century B.C.] work.

        interpretatur: Stoics interpreted myths allegorically to reconcile them with philosophy.

42   **qui ita appelletur:** i.e., who has a personal name, therefore including all the familiar gods of mythology.

43-44 **haec ... nomina:** i.e., Jove, Juno, etc.

§37 44   **Aristonis:** Aristo of Chios [third century B.C.], friend and pupil of Zeno, was mainly interested in ethics and adopted views closer to the Cynics than Zeno did.

46   **deus ... sit:** indirect question after *dubitet*, "is uncertain." Construe *utrum deus sit animans necne sit.* Indirect questions normally omit *utrum* and do not repeat the vb.

        Cleanthes: Cleanthes of Assos [ca. 371-231 B.C.], pupil and successor of Zeno as head of the Stoics.

47   **eo ... nominavi:** Aristo.

5-6   **noscimus ... notione:** "conceive ... conception."

6   **tamquam ... reponere:** "as if ... to fit it into a footprint." The idea is that we have in our minds a correct conception (*notio*) of god which is the standard by which we judge whether views about the nature of gods are true.

        prorsus: "absolutely"; adv. modifying *nusquam.*

§38 7   **Persaeus:** Persaeus of Citium [ca. 307-243 B.C.], pupil (and perhaps slave) of Zeno.

        eos ... deos: "those people are considered to be gods"; sc. *dixit.* The idea is that, e.g., wine was discovered by a human named Bacchus, who was thereafter treated as a god.

9   **vocabulis:** "designations, appellations."

        ne: with *quidem*, "not even."

        hoc: refers forward to the clause *illa ... deorum.*

10   **quo ... quam:** double comparative construction, "more absurd than this, (namely) than..."

11   **deorum honore:** here, "divine status."

12   **cultus:** "worship."

        esset futurus: periphrastic form indicating a future state of affairs; subjunc. because counterfactual.

§39 13 **Chrysippus**: Chrysippus of Soli (in Cilicia) [ca. 280-206 B.C.], succeeded Cleanthes as head of the Stoics and made important revisions in Stoic doctrine. Of the over 700 books he wrote, none survives.
somniorum: more Epicurean invective.
vaferrumus: "most cunning."

15 **informare**: "represent, form an idea of."
cum: "although."

18 **deum**: pred. noun in ind. disc.; subjs. are *mundum* (39.18), *fusionem* (39.18), *principatum* (39.19), etc., down to *homines eos* (39.24).
fusionem universam: "universal outpouring."

20-21 **fatalem ... futurarum**: The Stoics were determinists who held that everything happens of necessity.

20 **fatalem umbram**: "shadow of Fate"; a colorful phrase which means simply "Fate."

22 **fluerent atque manarent**: The tense is due to the past nature of the historical pres. *dicit* (39.18). C. refers to the doctrine of the flux of the elements (their transformation into one another) in which the Stoics believed, following a common interpretation of Heraclitus. See on 74.13.

§40 26 **appellarent**: for the tense, see on 39.22.

§41 31 **haec**: obj. of *dixit* (understood).

32 **in ... deorum**: an unusually specific reference.
volt = vult; anteclassical form.

32-33 **Orphei ... Homerique**: the traditional list of early Greek authors on theological (among other) subjects. Orpheus and Musaeus (sometimes called Orpheus' son) were reputed to have lived before Homer and Hesiod, Orpheus to have written "holy works" also called a Theogony ("Birth of the Gods"), and Musaeus also a Theogony. Hesiod's work of that name is extant. The Olympian gods pervade Homer's *Iliad* and *Odyssey*.

34 **dixerit**: subjunc. in characteristic clause.
ut: introduces result clause.

35 **suspicati ... sint**: probably subjunc. by attraction to the mood of *videantur*.
Diogenes Babylonius: Diogenes of Babylon [ca. 240-152 B.C.], pupil of Chrysippus and head of the Stoics after him, went on an embassy to Rome in 155 B.C. and introduced Stoic ideas there.

36 **partum Iovis**: "Jove's giving birth," in the myth of Minerva's birth from the head of Jupiter.
ortumque: "birth."

37 **ad ... fabula**: See on 36.40.

§42 39 **vocibus**: abl. of means.

39-40 **ipsa suavitate**: The very sweetness of the poetry increases the damage that poets can do, since it makes their false ideas attractive.

40 **qui**: refers to *poetarum*.

§43 45   magorum: The Magi, priestly caste of the Persians, worshippers of Zoroaster, investigated astronomical phenomena in the belief that heavenly events affect events on earth.

46   **Aegyptiorum ... dementiam**: C. probably has in mind the worship of animals which he mentions elsewhere.

47   **inconstantia ... ignoratione**: asyndeton.

48-1   **consideret ... debeat**: fut. less vivid condition; *qui = si quis*.

48   **venerari**: Epicureans treated Epicurus with reverence and frequently called him a god.

49   **eorum ... est**: i.e., the gods.
quaestio: "investigation."
habere: obj. is *Epicurum*.

1   **Solus**: Velleius' exposition of Epicurus' views begins here and goes through ch. 56.

1-2   **quod ... inpressisset**: Epicurus' grounds for claiming that gods exist; hence the subjunc.

2   **eorum notionem**: "conception of them" (of the gods).

2-3   **gens ... genus**: alliteration. For present purposes the words are virtually synonymous. The argument by consensus was employed widely in ancient philosophy, not only by Epicureans.

3   **doctrina**: "teaching, study"; here contrasted with *ipsa natura*.

3-4   **anticipationem ... πρόλημψιν**: "previous notion, preconception." C. here invents a Latin word to render Epicurus' Greek term; *quandam* apologizes for the neologism.

4-5   **anteceptam ... informationem**: "anticipated conception." C. apparently understands προλήμψεις as concepts which we employ *in* thinking and so must have *prior to* thinking (hence *anteceptam*).

6   **Quoius**: older form of *cuius*.
rationis: "reasoning, argument"; describes the inference at 43.1-6.
caelesti: modifies *volumine*. The work of a godlike person (see 43.49) is appropriately called heavenly.

7   **de regula et iudicio volumine**: Epicurus' lost work *On the Criterion, or The Canon*, which discussed the criteria of truth.

§44 8   fundamentum ... iactum: "the foundation ... has been laid"; sc. *esse*.

8-13   **Cum ... est**: The consensus argument for the existence of gods is refuted at 62.7-64.26.

9   **instituto**: "regulation."

9-10   **ad unum**: "to a man," i.e., without exception.

11   **innatas**: "innate"; stronger than *insitas*, "implanted." Since Epicureanism does not admit innate knowledge of the kind associated with Plato, this expression must refer to notions "implanted by nature" (43.2), which we form at an early age.

12   **omnium natura = omnes**.

13   **Quod**: i.e., the belief that gods exist.

14   **illud**: defined by *hanc* ...

17   **quam:** obj. of *nominarat* (syncopated < *nominaverat*); antecedent is the fem. sing. Greek noun in the previous line.

§45 17   **Hanc:** resumes the thought broken off by the parenthesis (compare *hanc* 44.14).

17-18 **ut ... putemus:** result clause, explaining *hanc* (G.557).

18   **Quae:** with *natura*, similarly *eadem* (45.19) which is coordinate with *Quae*.

19   **insculpsit:** "engraved, imprinted."

20   **haberemus:** "consider."

        Quod: antecedent is the idea, expressed in the previous sentence, that the gods are *aeterni* and *beati*.

21   **negotii:** "trouble, difficulty, labor"; partitive gen. with *quicquam*.

22   **exhibere:** "produce, present"; sc. *negotii quicquam* as direct obj. *alteri* is indirect obj.

23   **talia:** i.e., such as to be influenced by *ira* or *gratia*.

        essent ... essent: subjuncs. in subord. clauses in ind. disc.

25   **erat dictum:** indic. in place of the plupf. subjunc. implying that the result would certainly have been attained, but for the qualification introduced in the protasis (G.254, r.3).

        et: correlates with *et* (45.27).

27   **metus ... a vi:** "fear of violence."

28   **pulsus:** "driven away."

29   **segregari:** governed by *intellegitur*, as is *inpendere*.

        nullos: with *metus* (acc. pl.).

30   **ad ... opinionem:** Velleius thus introduces a list of topics he will take up: *forma* (ch. 46-50), *vita* (ch. 50-51), and *actio mentis atque agitatio* (ch. 51-54).

31   **actionem ... agitationem:** "action and activity"; near synonyms.

§46 32   **partim:** "in part."

33   **omnes ... gentium:** "all members of all races." The universality which Velleius alleges of the belief in anthropomorphic deities is refuted by Cotta in ch. 81-82.

34   **deorum:** Take with *speciem*; it is delayed to appear next to *humanam*.

        forma: sc. *deorum*.

        occurrit: "presents itself to"; + dat.

35   **revocentur:** "refer to."

        primas notiones: i.e., *anticipationes* (see 43.3-5), which are implanted by nature (43.1-2, compare 46.32).

§47 37   **convenire:** "to be fitting"; + acc. (*naturam*) and infin. (*esse*).

        eandem: "too."

39   **liniamentorum:** "features."

        humana: abl. of comparison; sc. *conpositione membrorum, specie*, etc. Cotta rebuts this claim in ch. 77-80.

40   **Vos:** i.e., the Stoics.

modo hoc modo illud: sc. *dicit.* C. refers to the Academic method of arguing both for and against a thesis.

41   **artificium:** "craft"; sc. *divinum.*
     fabricamque: "art, skill."

41-42 **quam sint ... apta:** "how well suited ..."; indirect question introduced by *describere.*

42   **verum etiam:** "but also."

§48 43   **Quod si:** "But if."
          omnium animantium: sc. *aliorum.*
          vincit: "surpasses" (in beauty).

     44   **ea figura:** i.e., *hominis figura,* abl. of description.
          est²: sc. *deus* as subj.

     46-47 **ratio ... figura:** Cotta attacks this assumption in ch. 87-89 and elsewhere.

§49 48-49 **quasi corpus ... quasi sanguinem:** This doctrine is ridiculed by Cotta in ch. 71.

     49-1 **acutius ... quam ut quivis ... possit:** "too cleverly for everyone to be able ..."

     1   **agnoscere:** "understand."
          fretus: "relying on"; + abl.

     2   **qui:** + subjunc., "since he"; relative clause of characteristic expressing cause.

     3   **occultas et penitus abditas:** "obscure and wholly concealed."

     3-4 **sic ... manu:** "deals with them as if he could touch them"; note the move from the imperceptible (*animo*) to the visible (*videat*) to the tangible (*manu*). This is appropriate language to describe a materialist like Epicurus.

     4   **eam = talem;** introduces result clause.
          primum: There is no corresponding *deinde* or *secundum.*

     5   **soliditate:** probably abl. of description with *eam esse vim et natura deorum.*
          ad numerum: "according to number," i.e., "individual." The Epicurean gods did not have individuality like the Olympians.
          ut: "like."

     6   **στερέμνια:** "solid objects."

     6-7 **imaginibus ... perceptis:** abl. of means. *Imagines* are films of atoms given off by solid objects. The *imagines* preserve the shape of the objects and pass through the air to the sense organs, thus enabling us to perceive external objects. Since gods are not solid objects (49.48), we grasp *imagines* of the gods *similitudine et transitione,* "by analogy and inference from similar cases."

     7   **infinita ... species:** "eternal [i.e., infinite in time] appearance made up of exactly similar *imagines.*"

     8   **individuis:** "atoms."
          ad deos adfluat: The eternity of the gods results from a constant streaming of atoms toward them, to replace the atoms which stream

from them to form the *imagines* by which we come to have knowledge of them.

8-10   **cum ... capere**: The construction reverts abruptly to ind. disc. governed by *docet* (49.4). Subj. is *mentem* and *intelligentiam* (49.9-10), vb. is *capere*.

9   **voluptatibus**: the pleasure we experience by contemplating the gods, which Epicureans believed is very great.
   in eas imagines: Take with both *intentam* and *infixam*.

10   **quae ... aeterna**: indirect question introduced by *intelligentiam capere*.

§50   10-11   **Summa ... dignissima**: pred. adjs.; *magna* is abl.

12   **eam = talem**; pred. adj. after *naturam* (sc. *infinitatis*).

12-13   **omnia ... respondeant**: lit., "to all similar things there correspond all similar things," which is, strictly speaking, absurd. The sense is "all things have counterparts."

12   **omnia omnibus paribus paria**: a remarkable expression, combining chiasmus and polyptoton (occurrence of different forms of the same word).

13   **hanc**: "this principle"; attracted in gender to the fem. of the Greek word.
   ἰσονομίαν: the Epicurean principle that two equally possible alternatives will occur equally often in an infinite number of cases.

13-14   **aequabilem tributionem**: "similar [or uniform] distribution."

14   **illud**: subject of *efficitur*, "it turns out"; followed by ind. disc. construction (infinitives *esse, debere*).

14-16   **sit ... interimant ... sint ... conservent**: subjuncs. in subordinate clauses in ind. disc.

15   **minorem**: sc. *multitudinem*.

15-16   **quae interimant ... quae conservent**: here, "agents of destruction ... agents of preservation."

15   **innumerabilia**: here synonymous with *infinita* (50.16).

§51   18   **Ea**: sc. *vita ab is degitur*.

19   **affluentius**: "more abundant in"; + abl.

20   **opera**: < *opus*.

20-21   **habet exploratum**: "holds [it as] certain."

§52   22   **rite**: "rightly."
   dixerimus: probably a perf. subjunc. with potential force, "we would call."
   vestrum: i.e., a god such as you Stoics believe in.

23   **Sive**: "If on the one hand"; correlative with *Sive* (52.25). Velleius argues that on two Stoic conceptions of god, god is *laboriosissimus*.

24   **puncto temporis**: "instant."
   versari: "rotate."

axem caeli: the axis of rotation of the celestial sphere, extending from the celestial north pole (near the North Star) through the center of the Earth to the celestial south pole.

25   **nihil**: subj.; *beatum* is pred. adj.

27   **temporum**: See on 4.39.

28   **ne**: "truly, really"; a different word from the negative conjunction. It is found only with personal and demonstrative pronouns.

§53 30   **securitate**: "freedom from care."

31   **idem qui cetera**: i.e., Epicurus; sc. *docuit*.

     natura: The world is a product of natural processes, not divine agency.

     effectum: "made, formed."

     fabrica: abl. with *nihil opus fuisse*, "there was no need of."

32   **eam rem**: i.e., the process of forming the world.

33   **sollertia**: "ingenuity."

34   **Quod quia quem**: remarkable alliteration following a notable assonance. *Quod* is dir. obj. of *efficere*, *quia* introduces the whole sentence, *quem ad modum* ("how") introduces an indirect question.

35   **ut**: "like."

     explicare: "disentangle."

     argumenti exitum: "conclusion of a plot."

36   **confugitis**: "take refuge in, have recourse to."

     deum: Velleius compares the Stoic god to a dramatist's *deus ex machina*.

§54 37   **partis**: "directions."

38   **se iniciens**: "applying itself."

     intendens: "straining" (to comprehend).

     ita: Take with *peregrinatur* (not with *late longeque*).

39   **ut**: "and yet."

     oram ultimi: "ultimate limit"; lit., "border of what is furthest."

     insistere: "stand." If the universe were finite, there would be a limit or extremity, a fixed reference, a place for the mind to stop after its voyage through the universe.

40   **latitudinum, longitudinum, altitudinum**: all three spatial dimensions.

41   **atomorum ... inani**: Velleius states briefly the fundamentals of Epicurean physical theory, in which the basic components of things are atoms and void. C. uses the Greek word *atomus* without translating or even commenting on it. It is fem. (hence *aliae* and *alias* (54.42)).

42   **adprehendentes**: "embracing."

     continuantur: "are connected."

43   **follibus**: "bellows."

     incudibus: "anvils."

44   **in cervicibus nostris**: "on our necks"; figurative use, referring to animals bearing a yoke.

47   **curiosum**: "meddlesome, prying."

§55 47 **extitit:** "there has arisen, come into being."

48 **εἱμαρμένην:** the Greek word for fate, probably meaning "allotted part"; but interpreted by the Stoics as meaning "series" in the sense of events following one from the other of necessity.

ut: "so that"; introduces a result clause whose vb. is *dicatis* (55.49).

49 **aeterna veritate causarumque continuatione:** two aspects of the Stoic concept of εἱμαρμένην, that any event can be accounted for by saying either that it was always true that it would happen, or that it is the product of an infinitely long causal sequence. Either way the event is inevitable, hence necessary.

fluxisse: an appropriate word to express the inevitable continuity involved.

Quanti: gen. of price.

1 **cui:** dat. with *videantur* (55.2).

tamquam aniculis: "like little old ladies," who are here characterized by ignorance and superstition; dat. to agree with *cui*.

2 **μαντική:** Greek word for the art of divination.

3 **tanta:** with *superstitione*.

inbueremur: "infect, stain."

4 **haruspices ... coniectores:** different kinds of soothsayers and prophets. *Haruspices* made predictions by examining entrails of sacrificed animals, *augures* by watching the flight of birds, *coniectores* by interpreting dreams. *Harioli* and *vates* gave prophecies in states of frenzy and were regarded as quacks.

§56 5 **in libertatem vindicati:** "set free."

5-7 **nec ... nec ... nec ... et:** the first *nec* correlates with *et*, the second *nec* with the third.

6 **eos:** sc. *deos*.

6-7 **fingere ... quaerere:** vbs. in ind. disc. after *intelligimus*.

7 **alteri quaerere:** sc. *molestiam fingere*.

9 **studio:** "enthusiasm."

longior: "rather lengthy."

10 **inchoatam:** "only begun"; thus, "unfinished"; pred. adj.

11 **ratio ... fuit:** "I should have paid attention to"; + gen.; *ratio* here = "concern, care."

§57 12 **Tum Cotta:** Cotta's criticism of Epicurean theology goes to the end of the book.

15 **cum ... tum:** "as ... so especially."

Roges: "Should you ask"; equivalent to protasis of a fut. less vivid condition (also *quaeras* (57.16)); vb. of apodosis is *respondeam* (57.16) (also *dicam* (57.17)).

16 **dicam:** subjunc. in indirect question (also *putemne* (57.17), "whether I think.")

17 **talem esse:** sc. *naturam deorum* as subj.

18 **minus:** sc. *quam talem ... exposita*.

§58 20-21 **de L. Crasso ... videor audisse, cum ... anteferret**: lit., "I
seem to have heard from L.C. when he preferred ...", i.e., "I recall
hearing L.C. say that he preferred."

21 **audisse = audivisse.**
togatis: i.e., Romans.

25 **dictum esse**: impersonal.
sententiis ... verbis: Cotta praises both the content and the style
of Velleius' speech.

26 **solent vestri**: Epicurean writings were noted for their unattractive
literary style.

§59 26 **Zenonem**: obj. of *audiebam*. Zeno of Sidon, an Epicurean whose
lectures C. attended in Athens in 78 B.C.
Philo: See on 6.14.

27 **coryphaeum**: Greek word for the leader of a dramatic chorus.

28 **auctore Philone**: "at Philo's prompting"; see on 11.49. Abl. abs.
without a pple.; see on 2.12.
credo ut: gives C.'s explanation for why Philo encouraged him to
attend the lectures of a rival. *ut* introduces a purpose clause.

31 **in illo**: "in listening to him," lit., "in the case of him," i.e., Zeno.
usu ... venit: "occurred."

32 **moleste ferrem**: "it annoys me."

32-33 **bona venia**: "without offense."

33 **leves ... ineptas**: "trivial ... silly."

34 **incidisse**: "has happened upon," i.e., "has come to believe in."

§60 35 **physicis**: Natural philosophy, the study of nature, included theology.

36 **dixerim**: "I might go so far as to say"; potential subjunc.
Roges: See on 57.15.
auctore: "as an authority."

37 **Simonide**: Simonides of Ceos [ca. 556-468 B.C.], distinguished
lyric poet.
Hiero: Hiero I, king of Syracuse (in Sicily) 478-467 B.C., who
welcomed poets and philosophers to his court.
deliberandi: "The gen. depends on *diem* and doubtless expresses
purpose" (P.).

38 **postulavit**: Simonides becomes subj.

40-41 **quanto diutius ... tanto ... obscurior**: "the longer ... the more
obscure."

41 **spes**: Simonides' hope of finding the correct answer.

42 **suavis**: "delightful."
ceteroqui: "in other respects."
traditur: "is related"; sc. *fuisse.*

44 **desperasse**: "gave up hope" (of finding); + acc.

§61 45 **malo**: vb.

45-46 **philosophia ... prudentia**: abls. with *dignum.*

47   **Quaeritur primum:** "The first question is"; this topic is pursued through ch. 64 and corresponds to ch. 44.

48   **contione:** "public meeting."

49   **consessu:** "gathering of seated persons" (P.).

1   **is:** picks up the subject (*ego ipse*).

2-3   **persuaderi mihi ... velim:** "I would like to be persuaded"; impersonal construction.

3   **ad:** "with a view towards."

4   **nulli:** sc. *dei.*

§62 4   **liberaliter:** "generously"; with *quam.*

5   **ut:** "for example."

6-64.25 **placet ... videtur:** Cotta attacks Velleius' argument in ch. 44.

8   **Quod:** "The fact that"; + subjunc.

      gentium generumque: "nations and races."

11-12 **inmanitate efferatas:** "savage and wild.," lit., "wild with savageness."

§63 12-14 **Diagoras ... Theodorus ... Protagoras:** mentioned as nonbelievers at 2.12-13.

12   **Atheos:** Greek word meaning "godless."

14   **Abderites:** "of Abdera."

15   **vel:** "perhaps"; softens the force of the following word.

17   **exterminatus:** "exiled."

18   **tardioris:** "more reluctant"; acc. pl.

19   **quippe cum:** "since in fact."

20   **periurisque:** Breaking oaths (which were sworn in the names of the gods) "implies either that [the gods] are not believed to exist or that they are unable or unwilling to punish the misuse of their names" (P.).

21-22 **Tubulus ... Lucius ... Lupus ... Carbo:** L. Hostilius Tubulus (pr. 142 B.C.) poisoned himself after being convicted of taking bribes as a judge; L. Cornelius Lentulus Lupus (cos. 156 and 154 B.C., princeps senatus 131 B.C.) was convicted of blackmail and reputed to be a perjurer; C. Papirius Carbo (cos. 120 B.C.) committed suicide when faced with conviction (we do not know on what charge).

22   **Neptuni filius:** The reference is unclear, but the expression was used of brutal or cruel people.

23   **Lucilius:** the satirist C. Lucilius [second century B.C.].

§64 24   **explorata:** "established, confirmed."

      id ... confirmandum: "the point you want to be established"; sc. *esse* with *confirmandum.*

25   **quam:** "as."

26   **omittam:** praeteritio, the ironic rhetorical figure of saying what you are not going to say, e.g., "I will not mention that ..."

§65 27-28 **unde ... vita:** This list of questions approximately defines the principal headings of Cotta's treatment of Epicurean theology.

28-67.49 Abuteris ... fingentibus: Cotta attacks the atomic theory, the physical theory which was the basis of Epicurean theology.

28   **ad omnia:** "for all purposes."

29   **regno et licentia:** "unruly power"; hendiadys. "The reference is to the unpredictable effects of the atomic swerve" (P.); see 69.17 and n.
hinc: i.e., on the basis of the atomic theory.
quodcumque in solum venit: "whatever comes up," lit., "whatever falls to the ground" (*solum* = "ground"); a proverb, as *ut dicitur* indicates.

30   **Quae:** antecedent is *atomorum* (f.).
nullae: "nonexistent."

31   *****:** Editors posit a lacuna here, since the non-existence of atoms does not follow from the non-existence of void. Simply transposing *enim* and *autem* (65.32) is another way to solve the problem.

32   **vacet corpore:** "lacks body."

33   **individuum:** "indivisible"; Latin equivalent of ἄτομος, "atom."

§66 33-34 Haec ... vestra: Cotta returns to the sceptical manner of the Academy after his dogmatic denial of the atomic theory.

33   **oracla:** alternative spelling of *oracula*.

35   **flagitia:** "disgrace." The disgrace is the theory described in 66.35-38 (*esse ... fortuito*).

36   **levia:** "smooth."

39   **perduxisti:** "prolong."

39-40   **priusque ... deiecerit:** "A person could make you abandon any aspect of your life rather than the doctrine of Epicurus."

42   **concipere animo:** "accept."
nomen amittere: to cease being called an Epicurean.

§67 42-43 Quid ... mereas: "What would it take to get you to ..." Here, *mereo* = "get in return for."

44   **Ista:** "That theory of yours"; see *ista* (66.41), which is here attracted to the gender and number of *veritas*, pred. noun.

46   **otio langueat:** C. thinks *otium* is tedious; see 7.19.
credo: ironic.

47   **minimis temporum punctis:** "instants."

47-48   **aliis ... aliis:** refer to *mundis*.

48   **cadentibus:** "going out of existence."
opera: obj. of *fingentibus*, which modifies *corpusculis*.

2   **quid ad rem:** "how is it relevant?"

§68 3-7 Sint ... deum: The Epicurean view that the gods are eternal is inconsistent with their view that the gods are composed of atoms.

3   **Sint:** jussive subjunc.
sane: "by all means."

6   **illud ... aeternum:** "that happiness and eternity of yours."

7-71.36 Quod ... fateri: The Epicurean attempt to avoid the inconsistency just pointed out by saying that the gods have quasi-bodies involves them in unintelligible nonsense.

7 **Quod**: i.e., *significare deum*.
   in dumeta conrepitis: "crawl into a thorn bush"; i.e., take refuge in impenetrable arguments.

8 **dicebas**: See 49.47-49.

§69 10 **Hoc**: defined by *ut ... possit* (69.10-12).
   non veri simile: "improbable, implausible."

12 **satius**: "preferable."
   de quo ambigebatur: "the subject under dispute"; impersonal construction.

13 **inpudenter**: "shamelessly"; a strong word.

14 **suopte**: "by its very own"; intensive form of *suo*.
   fore = futurum esse, representing *esset*.
   in nostra potestate: "The phrase is used to denote the freedom of the will, which Epicurus was desirous of retaining" (P.).

15 **esset**: subjunc. because the view expressed in the clause is not the speaker's own.

16 **quod**: i.e., a solution to the problem of how to avoid determinism.

17 **directo deorsus**: "straight downward."
   declinare: "swerve." The tiny uncaused deviation from the straight downward falling of atoms was postulated by Epicurus to escape determinism. Its ad hoc nature came in for severe criticism by C. and other ancient opponents of Epicureanism.

§70 18 **illud ... defendere**: construe *non posse defendere illud quod vult*.

19 **dialecticos**: "people who use logic, logicians"; a term C. applies especially to the Stoics and to the members of the sceptical Academy, with reference to their method of inquiry.
   diiunctionibus: "logical disjunctions"; i.e., propositions of the form "either *p* or not *p*."

20 **etiam**: "yes"; corresponding to the affirmative proposition *p*.
   alterum utrum = alterutrum, "one or the other."
   pertimuit: subj. is Epicurus.

21 **cras**: Take with both *vivet* and *non vivet*.

24 **Arcesilas**: See on 11.2-3.
   Zenonem: See on 36.30.
   ipse: Arcesilas.
   falsa: "unreliable" rather than "false." Sceptical Academics were as unwilling to assert falsity as they were to assert truth.

25 **Zenon**: nom. sing. (Greek form); sc. *dixit*.
   visa: "things seen"; corresponds to *sensibus viderentur*.

26-27 **veri nuntios**: i.e., infallible.

27 **†valde**: The text is corrupt. Probably the word which *valde* modifies is missing.
   plagam: "wound, blow."

§71 29-36 **Idem ... fateri**: Cotta ridicules the point Velleius made at 49.47-49.
     29 **in**: "on the topic of, in the case of."
        dum: "at the same time as"
     30 **concretionem fugit**: "avoids talk of combining."
        ne ... consequatur: purpose clause stating the reason why Epicurus *concretionem fugit*, namely the principle that anything with a beginning must have an end, which Velleius used against Plato at 20.35-40.
        dissipatio: "dispersion, dissolution" of compounds into the atoms of which they are composed; opposite of *concretionem*.
        negat = dicit non. After *sed* and *nec*, sc. *dicit esse*.
     32 **Mirabile ... viderit**: a proverbial saying which C. elsewhere attributes to Cato. C. had a low opinion of *haruspices*, "as rivals of the more recognized and respected rites of the college of augurs, to which he belonged." (P.). See on 55.4.
     33 **quam**: sc. *ut*.
        risum tenere: "keep from laughing."
     34 **fingeretur**: "conceive of, imagine"; figurative meaning of the verb used for fashioning or moulding things out of wax or clay, and so appropriately chosen in this context.
     36 **Ne tu quidem**: sc. *intellegere potes*.

§72 37-73.6 **Ista ... continetur**: Cotta ridicules Epicurus' boast to have been self-taught.
     37 **dictata**: "lessons."
        redduntur: "repeat, recite."
        oscitans: "yawning, half asleep."
     38 **halucinatus**: < *halucinor*, "wander in mind, talk idly."
     39 **Quod**: acc. obj. of *crederem*, indicating the assertion believed.
        non praedicanti: sc. *ei*, "even if he did not proclaim it"; dat. obj. of *crederem*, indicating the person believed.
     40 **domino**: "owner."
     41 **olet**: "smell of, give a hint of."
   41-42 **nihil ne ... quidem**: "nothing even."
     42 **Xenocraten**: acc. sing. (Greek form). For Xenocrates, see on 34.16.
        quem virum: acc. of exclamation.
     43 **plus**: i.e., more than him.
     44 **Sami**: "on Samos"; locative.
     46 **agripeta**: "settler"; Neocles was one of 2000 colonists sent from Athens to establish a settlement on Samos after the Athenians had defeated and expelled the Samians in 365 B.C.
   46-47 **ludi magister**: "schoolmaster."
     47 **fuit**: "became"; "a rather rare use" (P.).

§73 48 **Nausiphane**: Nausiphanes of Teos [born ca. 360 B.C.], an atomist.
     49 **tenetur**: "he is caught red handed"; i.e., he cannot deny that he was Nausiphanes' student.

1   **quid audierat**: rhetorical question, = *nihil audierat*; for the mood, see on 45.25.

3   **inclinatione**: See on *declinare* at 69.17.

6   **naturae ratio**: "the study of nature, natural science."
          continetur: "is comprised."

7-75.19 **Nunc ... rerum**: further criticism of the theory that the gods have quasi-bodies.

7   **Nunc istuc**: "Now, to return to the point"; i.e., the discussion of ch. 71.
          quasi ... sanguinem: "by the expressions *quasi corpus*, etc."

§74 11   **sit**: sing. vb. with two subjects.

       12   **celas**: "conceal from (someone)"; + acc.
             solebat: sc. *celare*, a reference to the alleged secrecy of the early Pythagoreans.
             alienos: i.e., non-Pythagoreans.

       13   **Heraclitus**: Heraclitus of Ephesus [ca. 540-480 B.C.], presocratic philosopher famous for the obscurity of the brief utterances in which he expressed his thought.
             quod ... liceat: sc. *te dicere*, "as you may admit in the present company."

§75 14   **pugnare ... ut**: "contend that."
             concreti: "firm, solid."

       15   **expressi ... eminentis**: "prominent ... projecting."
             levis: See on 66.36.
             perlucida: "transparent."

       16   **Venere Coa**: the Venus of Cos, a famous painting by Apelles.

       17   **ille ... rubor**: The color of human flesh was produced by mixing red and white pigments.

       18   **esse**: sc. *dicemus*.

       20   **Fac**: here, "suppose" (for the sake of argument).
             id ... mihi esse persuasum: "that I am convinced of that ...";
impersonal construction.

      20-21 **cedo mihi**: "let me hear"; *cedo* is an imperative form, related to the vb. *do*.

       21   **adumbratorum**: "sketched in outline"; doubtless to be taken with a double meaning.

§76 21-77.29 **Non ... probabilem**: Cotta summarizes Velleius' arguments in ch. 46-48.

       22   **velitis**: subjunc. in *qui* purpose clause.

      23-24 **ita ... nostris**: "our minds have such a prior conception [of god]"; impersonal construction, lit., "it is thus conceived and pre-conceived by our minds." For the doctrine, see ch. 43.

       24   **homini**: dat. with *occurrat*.

       25   **forma**: abl.; parallel with *rebus omnibus*.

       26   **humana**: abl. of comparison; sc. *forma*.

27   **quod:** "the claim that"; + subjunc.
        domicilium: "dwelling, abode."

§77 28 **Primum ... quidque:** "Each point in turn."
        arripere: "grasp hastily or eagerly."
29   **vestro iure:** "on your own authority."
29-36   **Quis ... servare:** Cotta presents alternative explanations to Velleius' (in ch. 46) of why people believe that the gods are anthropomorphic.
31   **conlatas in:** "conferred upon."
        quo: introduces purpose clause.
33   **superstitione:** "on the basis of superstition"; abl. of cause.
        simulacra: "images," i.e., statues of gods or other cult images.
        se: refers to the subject of *crederent*.
34   **Auxerunt ... haec eadem:** "Furthered this tendency."
        opifices: "artists."
35   **agentis:** acc. pl.
        in ... imitatione: "by portraying them in different forms"; *formarum* is objective gen.
36   **servare:** "keep"; i.e., represent.
37-80.24 **Accessit ... perceptio:** Cotta refutes Velleius' argument in ch. 47 that humans have the most beautiful form.
38-39   **conciliatrix ... lena:** "procurer ... pimp"; the fem. is due to the gender of *natura*.
39   **sui:** objective gen.
41   **gestiret ... contrectatione:** "passionately desire contact with"; *gestio* takes abl.
42   **suae:** "to its own"; sc. *figurae. anteferre* = "prefer" one thing (acc.) to another (dat.).
44   **eam esse causam:** acc. + infin. after *Quid mirum.*

§78 45 **quasque:** "each kind"; pl. to agree with *beluis*, referring to the members of each species of animal.
46   **tributuras fuisse:** represents *tribuissent* of the direct disc.
48   **fuerit:** subjunc. in subord. clause in ind. disc.
        taurus ... Europam: a reference to the myth in which Jupiter appeared to Europa in the form of a beautiful bull.
49   **ingeniis ... orationibus:** "intelligence ... power of speech."
1   **fingere nobis:** "invent"; obj. is *formas.*
        iungere formas: "combine shapes."
        Triton: a fabulous sea monster, half fish and half human.
2   **invehens:** "being carried upon"; intransitive. "Triton was represented with a human body ending in a fish's tail; sometimes the legs are replaced by two fish-like bodies, between or upon which the man appears to ride" (J.B. Mayor, commentary on *De Natura Deorum*, Cambridge, 1880).
        nolis esse: "you would not want to be [a god]."
3   **versor:** "I find myself."

4   **nisi hominis similis esse**: "to resemble anything but a human."

§79 4   **formica formicae**: Supply words from the previous sentence to complete the thought.

5   **Quotus ... quisque**: "How few."
       formonsus: alternate form of *formosus*.
       Athenis: locative.

6   **epheborum**: Greek word used for young men from about eighteen to twenty years old, especially at the age of their compulsory military training.
       vix singuli: Cotta recalls the scarcity of good looking young men in Athens. His next words show that the others are amused at this comment (and the interest in young men it presumably reflects), but he shrugs it off.
       quid: introduces indirect question.

7   **concedentibus**: "with the permission of"; abl. abs.

8   **adulescentulis**: abl. object of *delectamur*.

8-9   **Naevos ... delectat**: fragment of a line of hexameter verse. *Naevos* ("mole") is nom.; *articulo* can mean "joint," "limb" or "finger." Alcaeus is most likely the famous lyric poet, but could conceivably be the Epicurean philosopher of the same name "who was banished from Rome ... because of his demoralizing influence upon the youth" in 173 or 155 B.C. (P.).

10   **lumen**: here, "merit, beauty."
       huius ... nostri: "of this colleague and friend of ours."

11   **dilexit**: < *diligo*, "value highly, love" (without sexual connotation).
       in quem: "referring to whom."
       illud: "the following passage."

13   **a laeva**: "on the left"; the favorable direction for omens.

14   **Pace ... vestra**:   "With your permission"; abl. of attendant circumstance.

15   **visus**: sc. *est*.

16   **Huic**: refers to Q. Catulus.
       perversissimis oculis: "dreadfully squint-eyed"; abl. of description.

16-17 **Quid refert**: "What difference does it make?"

17   **salsum**: "saucy"; lit., "salty."

§80 18   **Ecquos**: "Are there any?"
       si non ... at: "if not ... at least."
       strabones ... paetulos: "those who squint badly ... slightly squinting."

19   **silos, flaccos, frontones, capitones**: "pug-nosed, flabby, with big foreheads, with big heads."
       quae: sc. *vitia* from 79.8.

20   **emendata**: "faultless, perfect."
       id: i.e., that all the gods are faultless in appearance.

21   **alia**: abl. of comparison.

24   **cognitio ... perceptio**: "infallible grasp." At *De Finibus* bk. 3, ch. 17, C. says that he uses both words to translate the same Greek word, κατάληψις. Cotta argues that if all gods are equally beautiful, they all have the same appearance, so that there is no difference among them, and therefore they have no infallible way of knowing or perceiving [sc. that other gods exist], which makes them Academic sceptics!

§81   25-82.41 **Quod ... Iovis**: Cotta refutes Velleius' claim (ch. 46) that all peoples conceive of anthropomorphic gods.

25   **illud**: i.e., the view defined by *nullam ... occurrere* (81.25-26). This is the key to the first argument that gods have human shape (76.23-24).

26   **ista**: the views derived in 80.20-24, which are *absurda*, as compared to the former view, which is merely *falsum*. Thus, the second argument for anthropomorphic gods (76.24-26) is worse than the first.

27   **Nobis**: i.e., Romans, contrasted in the following lines with Egyptians, Syrians, etc.

      a parvis: "from childhood."

30   **ornatu**: "attributes," such as Neptune's trident.

      At non: "But not"; supply missing ideas from the previous sentence.

31   **barbaria**: i.e., all lands outside Italy and Greece.

§82   34   **fando**: "by hearsay"; abl. gerund of *for*, "speak."

34-35   **crocodilum ... ibin ... faelem**: Egyptian sacred animals. For the ibis, see 101.26-30. *faeles*, "cat"; *felis maniculata*, an ancestor of the house cat, *felis domestica*.

37   **Sospitam**: Juno Sospita, worshipped at Lanuvium, a city in Latium.

39   **calceolis repandis**: "small shoes with turned-up toes."

      Argia: "of Argos."

40   **Lanuinis**: "people of Lanuvium."

      Capitolini: Take with *Iovis*.

41   **Hammonis Iovis**: Jupiter Hammon. Hammon was an Egyptian and Libyan deity identified by the Romans with Jupiter.

§83   41-84.8 **Non ... putas**: Cotta attacks the Epicurean practice of accepting custom as evidence of the truth.

42   **naturae ... consuetudine**: Cotta exploits the familiar contrast between nature and custom to argue that customary beliefs are poor evidence for the truth of nature.

44   **caesios**: "bluish gray."

46   **Alcamenes**: sculptor, probably from Athens, active in second half of the fifth century B.C.

      claudicatio: "limp, lameness."

48   **Age**: "Now, then"; imper. of *ago* used as a transitional particle.

      vocabulis: "names"; abl. of description.

      facimus: here, "do we suppose."

§84 1   **ut tu Velleius**: "as you are called Velleius."

3   **pontificiis**: sc. *libris*; the records of the college of pontifices, which included administrative arrangements, rituals, religious laws, and possibly a historical list of pontifices.

deorum ... innumerabilis: sc. *numerus*. Cotta refers either to all gods worshipped anywhere by humans or to the unlimited number of gods admitted by Epicurean theory.

4-5   **quid ... attinet**: "what does it matter."

5   **bellum**: < *bellus*, "beautiful, agreeable."

erat: indic. instead of subjunc. See on 45.25.

6   **confiteri ... nescire**: subj. is *te* (understood).

ista effutientem: "babbling that nonsense of yours."

nauseare: "to vomit."

7   **sibi**: The subj. changes from second person to third.

10   **Qui**: "How."

11   **trunco**: "tree trunk"; a word used to indicate something without sense or intelligence.

Haec: sc. *argumenta*.

§85 12   *****: Something is missing, perhaps a word like *visu*, "appearance"; sc. *deus est*.

tali aliquo: i.e., such as the sun or moon.

quid: "why."

13   **Sapienter ... quidem**: sc. *facis* as vb.

14   **sigilla**: "little statues," or even "seals," i.e., the incised figures of gods on seal-rings and the like.

15   **non nullis videri**: i.e., "some people think."

16   **offensionem**: "disfavor."

verbis ... re: "in words ... in reality."

reliquisse ... sustulisse: "to have let remain ... to have done away with."

17-18 **κυρίας δόξας**: "Principal Sayings"; one of Epicurus' few surviving works.

18   **ut opinor**: indeed this is the first, or rather the first part of it, but Cotta does not want to seem too familiar with Epicurus' writings.

18-19 **Quod ... negotium**: Being *beatum*, happy, entails having nothing to do with *negotium*, labor or effort.

20   **inscitia plane loquendi**: "out of ignorance of how to express himself clearly"; abl. of cause.

21   **consulto**: "on purpose."

male existimant: "have a bad opinion."

§86 21-23 **Dubium ... tale**: Epicurus' saying is ambiguous between asserting that a happy eternal being exists and describing what it would be like if it did exist. Sc. a second *dicat* after *an* and *beatum et inmortale* after *si quod sit*. *Tale* refers to *nec habet ... negotium* (85.19).

23-24 **sed ... te:** Logically this should be a separate sentence independent of *non animadvertunt*. Construe *sed multis aliis locis et ille et Metrodorus ambigue locuti sunt ...*

24   **Metrodorum:** Metrodorus of Lampsacus [331-278 B.C.], a pupil and friend of Epicurus.

26   **dico:** "I mean."
       mediocres homines: "average, ordinary people."

27-28 **Tot milia:** "So many thousands (of people)."

28   **morte proposita:** "though death is the penalty"; abl. abs. with concessive force.

29   **conpilant:** "plunder."
       credo: ironic.

§87 32-34 **Numquam ... figura:** This was a key premise in Velleius' argument in ch. 48.

33   **rationis consilique:** hendiadys.

34-88.47 **Quid? ... putares:** Cotta attacks the reasoning in 87.32-34.

34   **numquidnam:** "anything"; interrogative pron.

35-36 **duabus ... conficit:** "completes its annual courses [along the ecliptic, the sun's path through the zodiac] determining its motion by the two extreme parts of a single circle"; the single circle is the ecliptic, and the extreme parts are the solstices, i.e., the north and south limits of the sun's motion.

36   **huius ... eiusdem:** Take with *radiis*; the word order results from C.'s fondness for polyptoton (see on 50.12).
       hanc lustrationem: "this [i.e., the same] wandering." The moon's and planets' orbits lie near the ecliptic, and so are nearly the same as the sun's.

37   **menstruo spatio:** "in the interval of a month"; i.e., the moon takes a month to complete its journey around the ecliptic.

38   **propius a:** "nearer to."
       principiis: "starting points." The planets take different lengths of time to complete their passage round the ecliptic.

§88 40   **Ne sit:** "There would not be"; potential subjunc.

40-41 **quoniam ... vidimus:** Cotta points out unacceptable consequences of the principle that the only things that exist are like things we have experienced. Cotta's first example is not well chosen, since we *have* seen the heavenly bodies; hence he adds *attigimus* for good measure.

43   **nova:** Take with *omnia*.
       mediterranei: "people who live inland, away from the sea."

44   **animi angustiae:** "narrowmindedness."
       Seriphi: locative. Seriphus is a small Aegean island.

45   **lepusculos vulpeculasque:** Note the diminutives. The animals' size matches the size of their habitat.

46   **tibi ... dicerentur:** "you were told." In switching to the passive voice, Latin keeps the indirect obj. in the dat.

47   **rideri:** "be made fun of."

§89 48   **non vestro more**: Epicureans were traditionally unconcerned with and even hostile to questions of logic and philosophical method, although in C.'s time some Epicureans showed increased interest in these areas.
    dialecticorum: sc. *more*. Cotta calls attention to the tight argument in ch. 48. See on 70.19.
    quae: "matters which"; refers loosely to *dialecticorum*, the philosophers who study the matters in question.

49   **non novit**: "does not recognize."
    argumenti ... conclusisti: "rounded out the thought of your argument" (P.).

49-9   **Beatos ... descendere**: Cotta analyzes and criticizes Vellius' argument at 48.45-47.

1-2   **Beatum ... posse**: sc. *sumpsisti*, also with *Virtutem ... posse* (89.2-3).

3   **conveniat**: "be agreed upon"; subjunc. with *necesse est*.

4   **nec**: used instead of *non* to indicate that what follows is the next premise in sequence.

5   **gradatim istuc**: "step by step to there"; i.e., to the conclusion that the gods are anthropomorphic.

8   **Praecipitare**: "Rush down."

§90 10-91.23 **Nec ... deorum**: Cotta points out the improbability of humans having the same form as gods if humans resulted from the chance combination of atoms.

11   **illi simile**: shift of construction from *simile* + gen. to *simile* + dat.

14-15   **ante ... dii**: Construe *humana forma igitur erat antequam homines erant, et dii erant ea forma. eaque forma* is abl. of description.

17   **hoc**: sc. *esto*, "let this be."

17-91.19 **fortuna ... casus**: "chance ... accident."

18   **nihil ... ratione**: The materialist and mechanistic Epicurean physical theory held contrary to the Stoics that there is no reason or purpose in nature and that all things happen because of unplanned interactions of atoms in the void.
    rerum natura: either "the way things are" or "the universe."

§91 21   **patrum = deorum**. If humans were originally generated from *semina deorum*, the gods are our ancestors.
    Vellem diceretis: "I would wish you to say so."

22   **cognationem**: "blood relationship."

22-23   **esse factum**: sc. *dicitis*.

23   **ut ... deorum**: result clause.

24   **hoc**: i.e., the Epicurean theory of anthropomorphic gods.

25   **convincere**: "refute."

26-28   **enumerasti ... sententias**: Velleius did this in ch. 24-41 above.

26   **memoriter et copiose**: "with a good memory and abundantly."
    ut: introduces a result clause.

admirari: "to express my admiration."

27　**luberet = liberet.**

usque a: "all the way from."

§92　30-40　**Ne ... voltis**: arguments against anthropomorphic gods.

30　**hoc**: "this thought"; subject of *movet*.

30-31　**quae ... membrorum**: indirect question depending on *considerantis* (pple.), "when you consider."

31　**oportunitas**: "suitability."

ut iudicetis: result clause after a vb. of effecting (*movet*).

32　**egere**: "have need of"; + abl.

Quid ... opus est: "What need is there of"; + abl.

ingressu: "walking." On the Epicurean view, the gods do not move about.

33　**discriptione**: "distribution."

37-38　**nec ... magis**: sc. *frustra habebit deus.*

38-39　**Quae ... quid habent**: "What do these things have."

39　**Quando quidem**: "Since indeed."

40　**voltis = vultis.**

§93　41-6　**non ... vocabat**: instances of Epicurean hostility to other philosophers.

42　**Hermarchus**: Hermarchus of Mytilene, pupil and friend of Epicurus who in 270 B.C. succeeded him as head of the Epicurean school.

43　**meretricula ... Leontium**: "the little whore Leontium"; Leontium was a famous courtesan (*hetaera*) who became a follower of Epicurus.

Theophrastum: See on 35.26.

scito: "learned" (adj.).

44　**Attico**: The Attic dialect (the Greek of Athens) was the appropriate language for philosophy and most other serious literature.

sed tamen!: aposiopesis, a rhetorical figure in which the speaker comes to an abrupt halt under the influence of strong feelings or modesty.

hortus: The Epicurean school was called the Garden, since it began in the garden of Epicurus' house in Athens.

45　**licentiae**: partitive gen. with *tantum*.

queri: "to complain," viz., about the criticisms leveled against Epicureanism.

litigabat: "used to quarrel."

46　**Albucium**: Titus Albucius [late-second - early-first century B.C.], well known for his devotion to things Greek; after being convicted for corrupt practices as propraetor in Sardinia, he lived in Athens. C. calls him *perfectus Epicureus* (**Brut.** 131).

Phaedro: Phaedrus [died ca. 70 B.C.], an Epicurean whose lectures C. attended during his studies in Athens.

47　**stomachabatur**: "get angry, annoyed."

senex: "when an old man."

cum: "although."

48   **Phaedoni Socratico**: "Phaedo, the follower of Socrates"; Phaedo of Elis, after whom Plato named a dialogue.

49-1 **Metrodori ... conciderit**: See 113.24-27.

49   **nescio quid**: inner acc. with *dissentiret*, "disagreed on some point."

1   **conciderit**: "cut in pieces, destroy."

3   **male acceperit**: "regarded badly, had a low opinion of." See 73.48-1.

4   **Apollodorum**: the name of several philosophers; it is not sure which is meant here.

      Sillim: either an otherwise unknown philosopher, or a corrupted form of a different name, or an epithet of Apollodorus (meaning "squinting").

      figebat: "pierce, taunt."

      Socraten: acc. sing. (Greek form).

5   **scurram**: "joker"; an insult taking its point of departure from Socratic irony.

§94 7   **tamquam**: "so to speak."

      senatum ... recitares: "doing a roll call of the senate."

8   **desipere ... dicebas**: alliteration.

9   **nulla**: sc. *natura deorum*.

11   **lucubratione**: "working late at night."

11-101.34 **Non ... omnino**: further arguments against anthropomorphic gods.

11-12 **vobis suscipienda sint**: "things you must undertake"; i.e., consequences you must accept.

12   **inpetraritis = inpetraveritis**, perf. subjunc.

15   **conprehensio**: probably "grasping things with the hands" rather than "understanding."

      sermo et oratio: "language and speech."

§95 15   **maris**: < *mas*, "male."

17   **vester ... princeps**: Epicurus.

19   **obstat ... sit**: "keeps him from being."

20   **beatitas ... beatitudo**: C. coins two more words and apologizes for them.

21   **ea ... est**: "that thing, whatever it is"; subject of *potest* (95.23).

23   **vacuam**: "devoid of"; + abl.

      cadere: here, "belong [to]"; with *in solem ... mentem*.

§96 24   **Numquam ... beatum**: This principle is not asserted by Velleius nor does it form part of his argument against the divinity of the universe in ch. 52.

      praeter hunc: "besides this one."

25   **non**: Take with *sescenta ... mundorum*.

      sescenta milia: chosen as a large round number.

26   **innumerabilia**: sc. *milia esse mundorum*.

      ratio docuit: For this Epicurean argumentative move, see 46.32.

hoc: defined by *ut ... corporis* (96.28-29).

28 **ut**: "as."

vincamur: "surpass"; subjunc. in subordinate clause in ind. disc. governed by *docebit*.

29 **vinci**: sc. *nos* as subj.; vb. of ind. disc. after *docebit*.

ut ... corporis: Construe *ut animi praestantia vincamur item corporis praestantia vinci*.

31 **accedebat**: tr. as if present. This is the so-called philosophical imperfect, used of claims which are true in the present, but whose truth has previously been ascertained.

humana: Take with both nouns.

§97 32 **ut ... locum ... urgeam**: "to press the point."

33 **rubro mari**: includes the Indian Ocean and Persian Gulf as well as the Red Sea.

nulla esse: "do not exist."

35 **terra ... fluminibus**: abl. of place where.

36 **negemus**: deliberative subjunc.

37 **quam ... pertinet**: "how irrelevant is."

40 **ad**: "as to."

§98 41-42 **formis ... moribus**: abls. of description with *homines*.

44 **serpat**: "creep"; suggesting something which spreads in unexpected directions.

nisi: "except."

45-47 **nisi[1] ... mortali**: With each clause sc. *rationem ... posse* from 98.44-45.

48-49 **His ... adiunctis**: "together with these."

49 **esse**: "are found."

1 **videbas**: imperf. to represent the view which Velleius *was* maintaining.

nosse = novisse.

2 **maneant**: concessive subjunc. with the force of "granted that," after *modo*.

sortiri: "draw lots," i.e., make a random choice.

quid loquare: Take with both infins. *loquare = loquaris*.

§99 3 **Nisi forte**: "Unless, perhaps"; ironic.

hoc: defined in the following infinitive clause.

4 **obstare**: "is a hindrance"; used absolutely (without an obj.).

5 **uno digito plus**: "one extra finger," lit., "too much by a finger"; *digito* is abl. of degree of difference, *plus* is the comparative of *multus*, used as a substantive.

Quid ita: "Why?"

6 **alium**: Take with *speciem* and *usum*.

quinque: sc. *digiti*.

digito uno redundat: "has one finger too many."

8 **Si**: sc. *his redundat*.

10   **domicilia**: "dwelling places, essential locations."
      oris ... habitus: "condition, appearance of the face."

§100 11   **vituperabas**: in ch. 52.
           qui: introduces a characteristic clause whose vb. is *suspicati essent* (100.15).
      12   **membra**: The Stoics thought of the universe as an animal, and hence called its major parts *membra*, "limbs."
      13   **insignia**: "decorations, regalia."
      14   **temporum maturitates**: "ripening of the seasons."
      16   **Qui**: refers to *eos* (100.11).
      17   **aberrant a coniectura**: "miss the mark," lit., "stray from [the correct] conjecture."
           tandem: with interrogative adj. *quod*, "what, then."
      18   **ex**: "as a result of which."
      19   **informationem**: For this doctrine see 43.1-6.
      20   **barbati ... Iovis**: sc. *habebas in animo insitam informationem quandam.*
           galeatae: "wearing a helmet."
      21   **talis**: acc. pl., referring to *Iovis* and *Minervae*.

§101 21   **Quanto melius**: abl. of degree of difference and adv., respectively.
           haec: obj. of *putat* (understood).
      23   **fuscinam**: "trident."
      25   **inridentur**: "made fun of"; as at 43.46.
      26   **consecraverunt**: "deify."
           ibes: ibis, a bird sacred to the Egyptians.
      27   **conficiunt**: "destroy."
      28   **volucris anguis**: "winged snakes"; acc. pl.
      29   **vento Africo**: "the south-west wind."
      30   **illae**: i.e., *angues.*
      31   **ichneumonum**: The ichneumon is "a weasel-like North African animal related to the Indian mongoose, and known as 'Pharaoh's rat,' which lives largely on rats, mice, birds, and reptiles, destroying the eggs of snakes and crocodiles, and attacking full-grown snakes with its sudden motions" (P.).
      32-34 **tamen ... omnino**: ind. disc. introduced by *concludam*; sc. *esse* with *consecratas* (< *consecro*, here, "deify").
      32   **tamen**: "at least, after all."

§102 34-40 **Nihil ... potest**: Cotta attacks the Epicurean view that the gods are inactive. See 51.19-20, 53.29-30.
      35   **pueri delicati**: nom. pl.
           cessatione: "idleness, inactivity."
      37   **sic**: Take with *torpere.*
           feriatum: "on vacation, unemployed."
      38   **Haec oratio**: "This kind of talk."

§103 41   **Verum**: "But still."

42-43   **quibus rebus**: "The Epicureans discussed quite literally the question whether the gods needed chairs, couches, and other furniture such as prosperous human beings use" (P.).

43   **id quod vultis**: "as you desire"; *id* = the fact that god is happy.

43-44   **Utatur ... fruatur**: subjuncs. with *oportet*.

45   **cuique**: "each"; dat. of possession, referring to *his naturis*.

45-46   **ut ... reddatur**: result clause. Cotta accepts the doctrine that each of the four elements has its natural place, from earth at the bottom to fire at the top.

46   **inundet**: "flow over, spread over."

        superior <aeri>: sc. *locus est.*

        ora: "extremity."

47   **bestiarum**: partitive gen. with *aliae.*

        quasi ancipites: here, "amphibious"; *quasi* apologizes for the unfamiliar (indeed, unique) use of the word, which means "uncertain, undecided."

48   **igne**: abl. of place where.

49   **fornacibus**: "oven, furnace."

        saepe volitantes: a reference to the pyralis, a winged insect said by some ancient authors to live in fire.

§104 1   **vester deus**: subject of the indirect question introduced by *ubi.*

        loco: "from his place."

2-3   **postremo ... appetat**: one of the series of indirect questions governed by *Quaero* (104.49); the indirect question is *deus quid appetat.*

2   **proprium**: "characteristic."

2-3   **ut ... accommodatum**: This is a basic principle of Stoic doctrine.

3-4   **ad quam ... rem**: "toward what goal."

5   **attigeris**: "take up, approach."

        ulcus: "sore spot"; metaphorical.

6   **ita male instituta**: "so badly constructed."

        ratio: here, "theory."

        exitum: "solution, way to escape."

§105 7-110.3 **Sic ... efficitis**: Cotta attacks the Epicurean theory of how we apprehend the gods, stated in ch. 49.

8   **ad numerum**: See on 49.5.

        eamque = et talem.

9   **similitudine et transitione**: See on 49.6-7.

10   **fieri**: reverts to the series of infins. depending on *dicebas* (105.7).

12   **Hoc**: The antecedent is the collection of theories summarized in the previous sentence.

        per: "by, in the name of"; used in oaths.

        quale tandem: "whatever kind of thing." *tandem* is used in interrogative clauses for emphasis.

12-13   **tantum modo**: "only."

13   **ad cogitationem valent**: "are suitable for thinking about."

14	**eminentiam**: "depth"; i.e., existence in three dimensions.
	hippocentauro: "centaur." Cotta uses a mythical beast as an example of a non-existent thing.
15	**Omnem ... animi**: obj. of *vocant* and subj. of ind. disc. introduced by *dicitis*.
15-16	**motum inanem**: technical term for a concept not derived from perception of real objects.
17	**dicitis**: sc. *esse*.

§106 18 **de ... sitellam**: "as he called for the deposition of," lit., "bringing the urn." A *sitella* is an urn used in drawing lots, used as part of Roman voting procedure. In 133 B.C. Tiberius Gracchus caused his fellow tribune M. Octavius to be deposed from office by a vote of the comitia centuriata. Plutarch narrates this exciting event in Roman history in his *Life of Ti. Gracchus*, ch. 12.

19	**tu autem**: sc. *dicis*.
21	**fieri**: sc. *dicis*.
	in deo: "in the case of god."
	cuius ... animi: "by whose form our minds are repeatedly being struck."

§107 22 **Fac**: See on 75.20.

23	**dumtaxat**: "simply."
	num etiam: "is there a further reason."
25	**licentia**: "presumption"; see on 29.30.
26	**vacillat et claudicat**: "staggers and limps"; i.e., is ready to collapse.
	minus: sc. *quam* before the clause beginning with *omnium*.
	probari = probabile esse, "is plausible."
27	**in me incidere**: "fall upon my mind."
27-28	**Homeri ... Platonis**: Cotta's list of great men from the past includes poets, kings and philosophers.
28	**Quo ... ergo?**: sc. *in me incidunt*, "So how do I come to think of those men?"
29	**quorum imagines**: "images of what things?"
30	**hoc**: C. has a particular Orphic poem in mind.
	Cerconis: Although Cerco is a Roman name, the identity of this poet is unknown. Possibly C. wrote *Cercopis*. Cercops was an epic poet.

§108 32 **aliae, aliae**: sc. *imagines incurrunt* (also in the following sentences). Different people envision Orpheus differently.

34	**earum quas**: The words agree in gender with the nearest of the three nouns to which they apply.
35	**mihi collibitum est**: "I like," lit., "it is pleasing to me." *collibitum < collibet*, "it is pleasing" (+ dat.); impersonal construction.
	praesto: "at hand"; adv.

36   **invocatae**: "uncalled"; pred. adj. agreeing with *imagines*, understood subj. of sentence.
37   **nugatoria**: "futile, worthless."
38   **inculcatis**: "force upon."

§109 38   **licenter**: See on 107.25; sc. *garriendi* or *garritis*.
41   **probas**: "prove."
        continenter: "continuously."
42   **suppeditat**: "provides them in abundance."
43   **eadem ... ista**: i.e., *innumerabilitas*.
44   **Confugis ad**: "You take refuge in."
        aequilibritatem: a rendering of the Greek term ἰσονομίαν (called *aequabilem tributionem* at 50.13-14). See n. *ad loc.*
        45 **natura mortalis**: "mortal nature"; i.e., things that are by nature mortal.
        inmortalem: sc. *naturam*.
48   **Sint ... conservent**: jussive subjuncs.
        ea: best taken as obj. of *conservent*.

§110 2   **concursu**: "collision."
        possent: vb. of protasis.
        formare, figurare: "to give form and shape."
4-6   **Videamus ... quidem**: Cotta turns Velleius' argument at 48.45-47 against him.
4   **beato**: neut. standing for abstract noun; a variant on *beatitas* and *beatitudo* (95.20).
5   **actuosa**: "very active, very lively."
        et: "and yet."
        expers: "without any share of"; + gen.

§111 6-114.38 **Quae ... aeternus**: Cotta ridicules the Epicurean conception of divine happiness.
7   **interventu**: "occurrence."
8   **nempe**: "you must mean"; particle used in explaining another person's meaning.
10   **quos pudeat**: "who are ashamed of"; + gen.
11   **vocum**: "sayings."
12   **delicatis**: "luxurious."

§112 13-14 **cibum ... odores**: Cotta mentions objects of all five senses.
15   **perfundas**: "drench."
16   **conparant**: "provide."
        Iuventatem: the goddess of youth.
        Ganymedem: Jupiter's cup-bearer.
17-18 **unde ... tuus**: indirect question depending on *video*.
17   **ista**: refers to *nectar* etc.
18   **Locupletior**: < *locuples*, "well provided."

§113 20   **ducis**: "you consider."
           quibus: refers to *voluptates*.
           titillatio: "tickling"; translates a Greek word which Epicurus used (in an unusual sense) to describe sensual pleasures.
     21   **Quo usque**: "How far."
     22   **Philo**: See on 6.14.
           ferre: "to bear, to endure"; introduces ind. disc. with acc. + infin.
     23   **Summa ... memoria**: "with his outstanding memory"; abl. of means.
     25   **sapientiae**: gen with *conlega*.
     26   **dubitet**: "hesitate"; subjunc. to express Timocrates' (not Metrodorus') view.
     29   **reprehendo quod**: "object to your idea that." The subjunc. is used to stress that it is the Epicureans, not Cotta, who make this claim.

§114 31   **Satin = Satisne**.
           id: i.e., freedom from pain.
     32   **inquiunt**: abrupt shift from second person to third; sc. *Epicurei* as subj.
           adsidue: "incessantly."
   34-35   **mihi pulchre est**: "it goes well for me, I am fine."
     38   **afluant**: "flow from."

§115 39-119.28 **At ... deorum**: Cotta argues that though Epicureans believed the gods should be worshipped, their conception of the gods makes worship pointless.
     39   **sanctitate ... pietate**: defined at 116.1-3.
           adversus: "towards"; + acc. Also *adversum* (116.1).
     40   **Ut**: introduces result clause whose vb. is *dicas*.
           Ti(berium) Coruncanium: cos. 280 B.C.; in 254 B.C., became first plebian pontifex maximus; frequently mentioned by C. as a pious and wise person.
   40-41   **P(ublium Mucium) Scaevolam**: cos. 133 B.C.; became pontifex maximus in 130 B.C.
     41   **te audire**: ind. disc. with *dicas*.
           non: sc. *audire dicas*.
           eum: i.e., Epicurus.
     42   **funditus**: "utterly."
           Xerses: Xerxes, Persian king who invaded Greece in 480 B.C., sacked and burned Athens with its temples and altars, and was subsequently defeated at Salamis.
     43   **Quid est ... cur**: "What is the reason why." Similarly *Quid est ... quod* (117.4-5).
     44   **colendos ... colant**: *colere* covers both the worship humans offer to the gods and the care the gods have for humans. Sc. *esse* with *colendos*.

§116 46   **elicere**: "entice."

49   **cuius ... sit**: relative clause preceding its grammatical antecedent, *ei*.

       meritum: "service, kindness." The very concept of debt (*deberi*) presupposes something owed in return for something.

2   **iuris**: "right, justice"; the basis for the possibility of *iustitia*. Partitive gen. with *quid*.

       communitas: "common nature."

3   **qui**: translate "they"; antecedent is *deorum*.

§117 7 **quod**: i.e., *liberare superstitione*; rel. pron., obj. of *gloriari*, "brag."

8-10   **Diagoram ... Theodorum ... Protagoram**: See on 2.12 and 2.13.

9-10   **ne Protagoram quidem**: sc. *censeo superstitiosum esse potuisse*.

10   **licuerit**: < *liqueo*, "be clear, evident."

13   **continetur**: "consists in"; + abl.

§118 13 **Quid ii**: "What about those ...?"

       opinionem: with *de*, "belief in."

14-15   **quos ratio non posset**: sc. *ad officium ducere*.

15   **officium**: "duty."

16   **Prodicus Cius**: Prodicus of Ceos, a fifth century B.C. Sophist.

       vitae: dat. obj. of *prodessent*.

17   **quam**: interrogative adj. with *religionem*.

       reliquit: "left standing."

§119 18 **tradunt**: "relate." This view was held by the Stoics.

20   **expertes**: "devoid of"; + gen.

       religionum: "religious beliefs."

21   **Euhemero**: Euhemerus of Messenia (in Sicily) [ca. 340-260 B.C.], famous for the religious views described here.

       noster: Ennius was a Roman.

22   **Ennius**: Quintus Ennius [239-169 B.C.], famous writer of tragedies, comedies and the epic poem *Annales*.

23-24   **utrum ... sustulisse**: *utrum ... an* introduce alternative questions, both governed by *hic* (i.e., Euhemerus) *videtur*.

24-25   **Omitto ... praetereo**: a good example of praeteritio; see on 64.26.

24   **Eleusinem**: Eleusis, a town near Athens, site of the Eleusinian Mysteries, a religion of international character whose secret rites involved "initiating" new worshippers. C. was an initiate.

24-25   **ubi ... ultimae**: quotation from an unknown play.

25   **gentes orarum ultimae**: most easily construed as hypallage = *gentes orarum ultimarum*, "people from all over the world."

       Samothraciam: Samothrace, an island in the northern Aegean, was a center of the worship of the Cabiri, another mystery cult.

       Lemni: locative. Lemnos, another northern Aegean island where the Cabiri were worshipped.

26   **nocturno ... densa**: quotation from the *Philoctetes* of Accius, a second-century B.C. Roman tragedian.

> **occulta**: "mystery rites."
> **silvestribus saepibus densa**:   "covered thickly with woody hedges."

27   **ad rationemque revocatis**: "rationalized."

§120 29-121.37 **Mihi ... iudicare**:   Democritus' views on the gods are inconsistent and leave no grounds for worship.

29   **Democritus**: See on 29.30.
30   **fontibus ... hortulos**: The contrast may be meant as an insult to Epicurus, whose school was known as the Garden.
> **nutare**: "waver"; lit., "nod."

31-35 **Tum ... extrinsecus**:   This list is partly different from that at 29.30-32.
31   **universitate rerum**: "the universe."
32   **principia mentis**: "principles of mind"; presumably these are mind-atoms, but not enough is known about Democritus' doctrines to permit clarity.
35   **patria**: abl. with *digniora*, also *Democrito*.   Inhabitants of Abdera were reputedly stupid.

§121 38-122.11 **Epicurus ... vovemus**:   Cotta criticizes Epicurus' view that the gods have no interest in human affairs.

38   **radicitus**: "by the roots"; adv.
39   **opem et gratiam**: "the powers of giving assistance and repaying favors."
41   **proprium**: "characteristic" (adj.).
42   **Qua**: abl. with *carere*; refers to *bonitate et beneficentia*.
43   **deo**: dat with *carum*.
> **nec deum nec hominem**: in apposition with *neminem*.
44   **amari ... diligi**: The words refer respectively to the sentiment of love and the opinion or value on which the sentiment is based.
45   **inter se**: "mutually"; strictly speaking not redundant with *ab aliis alii*.
> **Quanto**: abl. of degree of difference with *melius*.
> **Stoici**: sc. *censent*.
46   **etiam ignotis**: "even ones who are unknown to them."
47   **quam**: obj. of *adeptus erit*; antecedent is *virtute*.
> **qui = si quis**.
48   **ubicumque erit gentium**:   "wherever on earth he may be"; *gentium* is partitive gen.
> **diligetur**: subject is omitted; it would be *is*, defined by *quam qui adeptus erit* (121.47).

§122 48   **quid mali datis**: "how much evil do you cause."
49   **in**: "under the heading of."
> **gratificationem**: "doing favors."
49-1 **Ut ... omittam**: "Not to mention."

1-2   **ne ... fuisse:** contrary to fact condition in ind. disc. Vb. of apodosis is *futuros fuisse*, representing *fuissent* in direct disc.

2   **beneficos ... benignos:** adjs. corresponding to *gratificationem ... benivolentiam* (122.49).

3   **ipsum verbum ... amoris:** "the very word 'love'."

4   **quam:** antededent is *amicitiae*.
     fructum: "profit."

5   **commoda:** "advantages."

5-6   **mercatura ... utilitatum:** "trade in benefits."

7   **gratuita:** "not for profit, disinterested."
     est: sing. vb. with two subjs.

8   **deorum:** parallel with *hominum*; sc. *caritas et amicitia gratuita est*.
     inter se: "each other."

9   **consulunt:** "care for"; + dat.
     Quod ... sit: "If this should not be so."
     quid: "why"; also at 122.10, 122.11.

10   **optamus:** "wish for [things]"; used absolutely (i.e., without an object).

§123   12-124.26 **Ludimur ... caritas:** Epicurus' theology is so absurd that the best explanation is that he did not believe in gods at all and only affirmed their existence to avoid odium.

12   **ad:** "with respect to, as to."
     licentiam: "boldness."

14   **nimirum:** "truly, doubtless"; adv.

15   **familiaris omnium nostrum:** It is plausible that all those present actually knew Posidonius, for whom see on 6.14.

17   **detestandae:** < *detestor*, "ward off."

18   **homunculi:** "a puny man"; gen. with *similem*.

18-19   **liniamentis ... habitu ... membris ... usu:** abls. with *praeditum*, "endowed with." Two adversative pairs, *lineamentis* but not *habitu*, *membris* but not *usu*.

18   **dumtaxat:** "only."
     extremis: "external."

20   **exilem:** "slender, feeble."
     perlucidum: "transparent."

22   **primum:** correlative with *deinde* (124.23).

§124   23   **maxime:** "by all means."

24   **valeat:** "good bye to him."
     propitius sit: an expression used in prayers to gods. In effect, by denying that it is rightly used for Epicurus' gods Cotta denies that they are gods.

25   **ut dicitis:** 45.22-23.